KB164509

이것은 누구의 이야기인가

미투 운동에서
기후위기까지

이것은
누구의
이야기인가

리베카 솔닛 지음
노지양 옮김

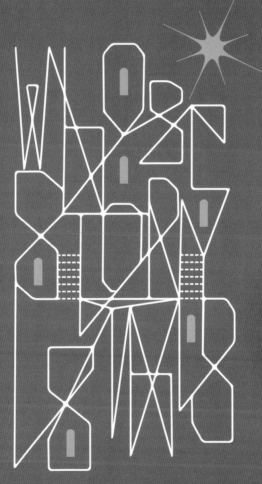

창비
Changbi Publishers

새로운 성당을 짓고 자명종을 울리는 일

우리는 현재 굉장히 거대하고 근사한 건물을 함께 건설하는 중이다. 눈에 보이지 않고 손으로 만질 수는 없지만 분명 우리가 살게 될 건물의 골조를 우리 손으로 짓고 있다. 혹은 여러개의 골조가 서로 맞물린 형태라고도 할 수 있겠다. 이 건물의 자재는 우리의 아이디어와 희망과 가치이며 이는 우리의 대화와 에세이와 사설과 주장에서 나왔다. 누군가의 슬로건, 소셜미디어 메시지, 책, 저항 운동, 시위 또한 재료가 되었다. 우리는 항상 인종, 계급, 젠더, 섹슈얼리티에 대해 말을 꺼냈고 자연, 권력, 기후 이야기를 하면서 이 세 요소들이 서로 연결되어 있음을 주장했다. 또다른 사람은 공감과 연대, 인내, 협동과 집단행동의 중요성에 대해서 말했다. 공정, 평등, 가능성을 말하는 사람도 늘어났다. 처음에는 크지 않은 개별적인 목소리였고 먼저 도착한 사람들의 주장이었으나 점차 집단이 함께 추구하는 사업이 되었는데, 한 사람이 말하면 중요해 보이지 않지만 백만명의 사람들이 동시에 말하고 그 말을 각자의 세계관과 매일의 행동에 적용하기 시작하면 힘을 얻는다. 이 구조 안에 살고 있는 **우리**도 점점 성장한다. 한때는 전복적이고 비관습적이라 여겨졌던 일들이 점점 지극히 정상적인 현상으로 자리 잡고, 한때 벽 바깥에 있던 사람들이 안에서 곤히 자던 사람들을 깨우고 난 다음부터는 자신이 이전까지 어디에 있었는지 잊게 된다.

이것은 대대적인 전환처럼 느껴지지만 변화의 결과는 미묘하고 사소할 때 가장 중요하기도 하다. 사소한 변화들이 세상을 재편한다. 누군가의 작은 행동과 발언이 축적되면서 세상이 어떻게 될 수 있고 또 어떻게 되어야 하는지에 대한 새로운 비전을 포용하기 시작한다. 몰랐던 사람과 사실이 알려지고, 추방자가 내부로 들어오고, 비정상은 정상이 된다. 누구의 인권이 중요하고 무엇이 이치에 맞고 누가 판단해야 하는지에 대한 기준 또한 변한다. 만약 당신이 충분히 오랫동안 앉아서 지켜보았다면 수백만개의 작은 발걸음들이 역사적인 판결을 이끌거나 선거 결과를 바꾸거나 우리가 전에 한번도 가보지 못했던 장소로 우리를 데려가고 있음을 확인할 수 있을 것이다.

나 또한 지난 몇년 그 어느 때보다 더 눈부시고 강렬하게 펼쳐진 아름다운 집단적 변화의 과정을 빠짐없이 지켜보았다. 셀 수 없이 많은 사람들이 따로 그리고 함께 일하면서 촉발한 변화이며 과거를 청산하고 더 나은 미래에 대한 희망을 품고자 하는 이들이 이룬 값진 변화였다. 그 변화의 정신이 '월스트리트를 점령하라'Occupy Wall Street(2011), '무관심은 이제 그만'Idle No More(2012)•, '흑인의 생명은 소중하다'Black Lives Matter(2013), '#미투'#Me Too(2017) 같은 운동을 이끌었다. 새로운 세대의 페미니스트들이 급증하고 저항이 이어졌다. 이민자와 트랜스 인권 운동이 일어났고 그린 뉴딜Green New Deal(2018)이 떠올랐고 기후변화 운동의 힘과 영향력이 점점 거세졌다. 미국에서는 최근 몇년 전부터 전국민 의료보험제도 운동, 선거인단제도 폐지 운동, 사형제 폐지, 비화석연료 에너지 혁명 등이 주변부에서 조금씩 논의되다 중심으로 옮겨지고 있다. 정의에 대한 새로운 기준이 생기면서 경찰의 무고한 시민 살해, 성폭행 사건을 둘러싼 변명과 피해자 비난 같은 폐해가 낱낱이 밝혀졌고 같은 일이 반복적으로 일어났을 때 시민들은 좌시하지 않았다. 시민의 인식은 과거의 기만과 허위와 변명이라는 가면을 벗겨냈다.

• 캐나다에서 시작된 원주민 인권 운동. ─옮긴이

나의 지적 성장이 이루어졌던 시기는 1990년대 초반으로 당시 콜럼버스의 신대륙 발견 500주년이었으나 이를 비판하는 문화적 분위기가 팽배했고, 아메리카 원주민들의 존재감과 목소리를 높이기 위해 노력하는 이들 덕분에 북미 역사와 자연이나 문화에 대한 기존의 개념들을 근본적으로 고찰하고 재정의할 수 있었다. 그때 문화가 얼마나 결정적인 요소인지 깨달았다. 문화란 정치 형국을 좌지우지할 수도 있는 신념의 밑바탕이었고 변화는 보통 주변부에서, 남모르는 곳에서 조용히 시작되었다가 점차 확장되면서 중앙으로 이동하곤 했다. 중앙은 아이디어의 도착지였지 발본지라고는 할 수 없었고 가장 기본적인 사실이라 여긴 이야기마저 얼마든지 변할 수 있었다. 그러나 나는 중요한 건 주변부도, 발본지도, 중심지도, 도착지도 아니며 침투성이라는 것을 알았다.

　우리는 개념 안에서 산다. 어떤 개념은 대피소가 되고 어떤 개념은 관측소가 되고 어떤 개념은 창살 없는 감옥이 되기도 한다. 어떤 개념을 뒤에 두고 다른 개념 안으로 들어가기도 한다. 최근 몇년간 이 일이 순조롭게 풀릴 때는 집단적 협력의 과정이 급속하게 진행되면서 그저 작은 관심만 얹어도 현관이 세워지고 탑이 솟아오르고 방이 하나씩 생겼고 우리는 그 안에 들어가서 살기만 하면 되었다. 그사이에 다른 건물들은 소리 없이 무너졌다. 너무나 당연하게 받아들여져 보이지도 않던 차별과 배제가 서서히 보이기 시작하더니 더이상 받아들일 수 없는 것이 되었다. 새롭고 공평한 관점들이 낡고 구태의연한 생각의 자리에 들어왔다. 관심을 갖고 지켜보았다면 건물이 하루가 다르게 커지면서 이 건물을 반대하거나 조롱하거나 이해하지 못했던 이들이 몇년도 지나지 않아 자신들 또한 같은 지붕 아래 살고 있다는 사실에 전혀 의문을 갖지 않는 모습도 보았을 것이다. 물론 새 기둥이 더 높게 솟아오를까봐 황급히 제지하는 이들도 있다. 그들이 성공할 때는 법을 강제로 도입할 때이지 상상력을 동원할 때가 아니다. 다시 말해서, 여성을 임신중지에 접근하지 못하게 막는 일은 비교적 쉬운 듯 보이겠지만 여성에게는 임신을 중지할 권리가 있다는 생각까지 차단하지는 못한다.

과거와 현재가 어떻게 달라졌는지 신중하게 관찰하며 따라가면 변화 자체는 끊임없이 일어나고 있음을 알 수 있다. 내가 몇년 동안 이 책을 비롯해 여러권의 책을 쓰면서 하는 일이기도 하다. 글을 쓰며 변화를 알아보고 변화가 어떻게 작동하는지 이해하고 그 변화 안에서 우리가 어떻게, 어디에서 힘을 얻을지 고민한다. 글을 쓰며 변화의 시대에 산다는 사실을 인식하고 그 과정이 지금 현재 우리의 상상을 초월할 것임을 인지한다. 그동안 나는 여성이 차별받고 배제되는 현상에 새로운 이름이 붙는 장면을 보았고 차별과 배제가 더이상 받아들여지거나 보여서는 안 된다는 주장도 들었다. 나에게 가장 직접적으로 영향을 미친 일 또한 글로 정리하는 과정에서 더욱 명료해지곤 했다. 그리고 글로 정리하는 과정은 나뿐만 아니라 다른 많은 작가들이 해내고 있다. 많은 작가들이 자기 방식으로 원칙을 표현하고 그중에 어떤 글은 널리 퍼지면서 우리의 세상이 어떠하고 어떻게 되어야 하는지 또다시 말해준다. 가끔은 나도 그런 작가 중 한명이었다고 생각한다. 그렇게 우리의 생각이 펼쳐지는 것을 보는 일은 기뻤고 때로는 경이로웠다.

이 시대는 개념을 소개하고 설득하고 설명해야 할 때가 많기 때문에 말의 힘이 매우 중요하다. 때로 말의 힘은 현재 일어나는 변화 안에서 진가를 드러내기도 한다. 하지만 가장 큰 문제는 우리가 아무리 배우고 깨달아도 뒤돌아서면 잊어버린다는 것이다. 말이 중요한 건 말과 글이 우리의 기억을 도와주기 때문이다. 내가 지은 성당이 보이지 않으면, 관점과 개념으로 만들어진 그 건물이 보이지 않으면, 내가 그 안에 살고 있으며 그 건물을 이루고 있는 개념들이 실은 우리가 기존에 갖고 있던 편견과 사고를 분석하고 반박하고 생각을 바꾼 사람들에 의해 **만들어졌다**는 사실도 잊는다. 그 관점과 개념은 분명 노동의 산물이다. 잊는다는 건 그 과정이 얼마나 힘겨우면서도 가치 있었는지, 그 의미가 어디까지 퍼졌는지를 인식하는 데도 실패했다는 뜻이다.

최근에 미국 국립공원의 역사를 바꾼 제러드 베이커Gerard Baker의 강연을 들었다. 그는 노스다코타주의 포트 베르톨드 보호구역의 만단-히다차 부족 출신이며 국립공원 관리에 평생을 바친 인물로, 이 일을 통해 미국 원주민들이 대표되는 방식을 바꾸었다고 말했다. 마치 방문자나 고용된 노동자로 여겨지던 원주민을 이 땅의 주인으로 드러냈고 국립공원 시스템 안의 언어와 표지판 등을 원주민 언어로 바꾸기도 했다. 눈에 띄는 장신에 입담이 좋아 좌중을 사로잡는 연설가인 그는 리틀 빅혼 배틀필드 국립공원(1876년 아메리카 원주민들이 미 연합군에 승리했던 마지막 전투지로 1991년까지는 미국 중령의 이름을 딴 커스터 배틀필드 국립공원으로 불렸다)과 러시모어산 국립기념공원에서 관리인으로 일하다 나중에는 공원 전체를 감독하는 소장이 되었으며 가족들에게는 자신이 그곳에 일을 하러 가는 것이 아니라고 말한다고 했다. 두 공원에서 그는 그 장소가 어떤 의미이고 누구를 위한 장소인지를 재정립하는 데 주력했다. 한 곳에서는 살해 협박을 받기도 했는데 어느 곳에나 폭력으로 구습을 지키려는 사람이 있기 마련이다.

그의 강연을 복기하다가 내가 1990년대 초반에 미국 내 아메리카 원주민의 위치에 대해 받았던 재교육을 기억해냈다. 그때 나누던 대화와 지금 우리가 하는 대화에는 질적인 차이가 있다. 나는 만나는 사람마다 붙잡고 소리치고 싶었다. "당신이 깨어 있다고 생각하나요? 그건 누군가가 당신을 깨웠기 때문입니다. 그러니 우리 모두 인간 자명종에게 고마워합시다." 인종, 젠더, 계급 등에 대해 진보적 관점을 갖고 있는 사람이 자신이 타고나길 선하고 도덕적이기 때문이라고 생각할 수도 있겠으나 사실 우리 사이에서 돌고 있는 개념들은 비교적 최근에 전달받은, 다른 사람의 노동을 통해 얻은 선물이다.

사람들이 나서서 손수 이 개념을 만들었다는 것, 사람들이 우리가 사는 건물과 우리가 여행하는 도로를 건설했다는 사실을 기억하면 다음의 이치까지 기억하기 쉽다. 첫째, 변화는 가능하다. 둘째, 깨어 있는 시대에 살게 된 건 행운이다. 새로운 건물이 건설되기 이전의 사람들에게 우리의 도덕적 우월성을 강조할 필요는 없다. 더구나 어쩌면 우리가 완전한 계몽의 상태에 아직 도달하지 못했음을 인정해야 할지도 모른다. 앞으로 더 많은 변화가 찾아올 것이며, 현재로서는 예상할 수 없는 다른 세계가 펼쳐지게 될 수도 있다. 나는 이제껏 너무나 많은 것을 배웠다. 앞으로 배울 것 또한 헤아릴 수 없이 많다.

'흑인의 생명은 소중하다' 운동의 공동 창시자인 알리시아

가자[Alicia Garza]가 2016년 대선이 우리의 소망과 다르게 끝난 후에 쓴 감동적인 글의 일부를 소개한다.

> 지금 이 순간, 우리가 처음 이 운동에 발을 들였을 때의 내가 어떤 사람이었는지 기억해야 한다. 우리에게 끝없는 인내심을 보여주었던 활동가들, 나와 의견이 달랐지만 연대하려고 했던 사람들, 독선과 아집으로 똘똘 뭉쳐 있었던 나에게 미소를 보내주었던 사람들을 기억해야 한다. 사회 운동을 조직한다는 건 당신과 뜻을 같이하지 않는 사람들에게도 기꺼이 손을 내미는 일이다. 나는 이 운동에 인생을 바치기 전에 내가 어떤 사람이었는지 똑똑히 기억한다. 누군가는 나를 묵묵히 참아주었다. 누군가는 내가 기여할 수 있는 부분을 발견했다. 누군가는 끝까지 내 곁에 남았다. 누군가는 나의 결심을 더 단단하게 해주었다. 누군가는 나에게 책임감을 기르게 해주었다. 누군가는 우리가 직면한 문제의 근본적인 원인에 눈을 뜨게 했다. 누군가는 미래를 위한 비전을 향해 갈 수 있도록 뒤에서 밀어주었다. 누군가는 운동에 참여하고자 하는 사람을 끌어오는 법을 훈련시켰다.

가자는 우리 모두 교육의 산물임을 인정하면서 우리가 받아야 할 교육이 아직도 끝나지 않았음을 암시한다. 교육이 가장 최선이고 아름다운 모습일 때는 창조적인 작업이 된다. 교육이 최악으로 흐를 때는 내부에 있는 사람들이 아직 이 안에 들어오지 않은 사람들을 검열하고 평가한다. 그들이 들어오지 못한 이유는 아직 문을 찾지 못해서거나 주변 사람들에게 비난을 들어서이지 초대장이 없어 거절된 것이 아니다. 하지만 사람들이 또 자주 잊는 사실은 사회 변화가 역사적인 흐름이었지 똑똑한 개인들의 자기 확신은 아니었다는 점이다. 내가 다른 사람보다 새로운 기조에 더 접근하기 쉬웠는지 돌아보아야 할 필요도 있다. 내가 근래에 깨닫는 건 많은 사람들이 인종과 젠더와 섹슈얼리티와 감옥과 권력이라는 문제를 수면 위로 끌어올리기 위해 했던 그간의 어마어마한 작업을 잊는다는 것이다. 이 모든 건 사실 **일**, 노동이었다. 편견과 가정을 거부하는 언어를 만들기 위해서는 지적 노동이 필요했고 우리 중 어떤 이들은 위로 끌어올리고 어떤 이들은 아래로 내릴 때 이런 힘이 필요했다. 과거와 현재를 이해하고 묘사하고 미래를 위한 새로운 가능성을 제안하는 건 언제나 사람의 일이었다.

사람들이 최근 수십년간 놀라운 규모의 변화가 일어났다는 걸 잊는다면 단체로 기억상실증에 걸렸다고도 말할 수 있으리라. 그 변화 자체가 희망이 되기도 하는데 가장 주변부에 있거나 무력하다고 여겨지는 이들이 ─연구자, 사회 운동가, 차별받는 집단에 속한 사람이거나 그 집단을 대변하는 사람들─ 종국에는 세상을 바꾸었다는 점이 그 증거다. 예를 들어 '#미투'는 비교적 성공한 운동이지만 안타까운 결과 중 하나는 미투 운동이 터진 시점이 마치 여성 운동이 시작된 지점처럼 알려진 것이다. 현재 거스를 수 없는 흐름이 된 페미니즘 물결은 그보다 5년 전, 대학 캠퍼스에서 일어난 성폭행 반대 시위와 뉴델리의 조티 싱Jyoti Singh 집단 강간 고문 사건, 스튜번빌 성폭행 사건 등에 사람들이 반응할 때부터 이미 시작되었다.

떠올리기도 힘든 잔혹한 사건들에 대한 분노가 생각보다 빨리 식어버렸다고 말할 수도 있겠지만, 내가 이 책의 한 장에도 썼듯이 여성의 이야기가 드디어 크게 들리게 되고 가시적인 결과가 나타날 수 있었던 이유는 그 이전에 일어났던 일들 때문임을 기억해야 한다. 페미니즘은 길고 느리고 끈끈하게 진행되면서 사람들의 의식을 바꾸고 여성의 손에 힘을 쥐여주었다. 여성을 양도할 수 없는 권리와 중요한 사안 앞에서 일어나 말할 능력을 가진 인간으로 간주하는 남성들에게도 힘이 생겼다. 구시대의 관습과 회피에 얽매이지 않는 새로운 세대도 부상했다. 따라서 누가 이야기를 하고, 누가 판단하는

지를 바꾸는 것은 곧 이 모든 것이 누구의 이야기인지를 바꾸는 것이다.

2017년 10월 미투 운동이 분수령이 되었던 이유는 사람들이 드디어 말을 하게 되었다는 점 때문이 아니었다. 드디어, 늦긴 했지만, 이제야 사람들이 귀를 열고 듣게 되었다는 것이었다. 그전에도 사람들은 끊임없이 말을 해왔다——국가대표 체조 선수 담당 의사의 어린 피해자가 말했고, 가수 R. 켈리R. Kelly의 피해자도 말했다. 말을 하고 또 했지만 그들의 증언은 무시당하거나 가벼이 취급되었다. 따라서 미투 운동이란 여성이 말을 시작한 시점이라기보다 사람들이 경청한 시점이라 할 수 있다. 그렇다고 해도 대법관 후보자인 브렛 캐버노Brett Kavanaugh의 청문회에서 크리스틴 블레이시 포드Christine Blasey Ford가 그랬듯이 여성들은 침묵을 강요당했다. 앞서 말한 제러드 베이커가 리틀 빅혼 전투에 대한 사실을 밝히려 할 때 그랬던 것처럼 블레이시 포드 또한 살해 협박을 받았다. 목소리와 이야기의 힘이 얼마나 거대한지 알고 싶다면 다른 사람들이 그들을 얼마나 거칠고 살벌하게 막았는지를 보면 된다.

최근에 쓴 칼럼과 에세이를 모은 이 책의 제목은 새로운 이야기들이 태어날 때의 갈등과 분쟁을 뜻한다. 말하려는 사람의 입을 막으려 하거나 그들보다 더 크게 말하려는 사람들,

귀를 막거나 눈을 감으려고 최선을 다하는 사람들에게 대항하는 싸움을 이야기하고 싶었다. 먼저 미투 운동 이후 주변에서 빈번하게 목격한 반응을 떠올려보자. 남성들은 직장에서 말과 행동이 불편해졌다고 불평했는데 이는 문제 자체보다 남성들의 정신적·육체적 안정을 우선시하는 관습에서 비롯된 것이다. 마찬가지로 유색인들의 인권 발전을 일부에서는 백인들의 권리 상실로 해석하기도 했다. 그들은 더 넓은 공간을 만드는 것, 같은 조건에서 경쟁하는 것, 혹은 그저 다른 사람들과 공존하는 것을 손해라고 느낀다. 전부 누가 중요한가의 문제다.

편안함이라는 상태는 권력자들의 태생적 권리처럼 언급되기도 했다. 2018년 6월 CBS의 뉴스 프로그램 「디스 모닝」This Morning은 트위터에 이런 글을 남겼다. "국경 수비대는 분명 국경에 있는 가족들에게 도움을 주려고 노력했으며 이들이 숙식하는 장소를 '축사'cage라고 표현하는 건 '매우 불편하다'고 말했다. 또한 이 단어는 부정확하다면서 그 숙소를 축사라고 할 수도 있겠지만 사람들을 절대 동물처럼 다루지 않는다고도 덧붙였다." 그러니까 축사를 축사로 부르지 않아야 하는 이유는 축사에 갇힌 사람들의 불편함보다 축사에 가둔 사람들이 그 단어를 들을 때의 불편함이 더 중요하기 때문이다. 비슷한 예로 인종주의자들이 인종주의자라고 불리기를 극구 거부하려 하고 고급 주택에 사는 사람들이 노숙인들을 보는 것만으로도 불편하다고 말하는 것을 들 수 있다. 공화당 하원의원이자 백인 우월주의자 스티브 킹Steve King은 이렇게 말했다. "백인 국수주의자, 백인 우월주의자, 서구 문명사회 — 이런 단어들이 언제부터 이렇게 공격적이고 부정적인 단어가 되었죠?" 편안함은 종종 현실 인식을 거부할 권리를 지키기 위한 암호처럼 쓰인다. 양심에 찔리는 느낌을 받지 않을 권리, 고통을 상기하지 않을 권리, '우리'의 이익이 '그들'의 권리와 필요에 의해 감소되지 않을 권리다.

소위 안정성과 편안함을 지킨다는 명목으로 미국과 유럽 국민 일부는 과거로의 회귀를 갈망하며 백인 우월주의와 가부장제라는 폐허의 잔해 안에서 조금이라도 더 오래 체류하려고 한다. 아마도 우리 모두를 포용할 만큼 넓은 쉼터는 없을 거라 확신하고 백인성과 남성성이 지배하는 장소에 머물러야만 한다고 말하는 듯하다. 이들에겐 자원의 희소성 법칙이 세계를 지배하고 그 자원을 창고에 잔뜩 쌓아두는 것이 생존 전략이 된다. 내가 앞서 '자명종'이라는 단어를 사용했는데 나는 이제까지는 이 과정을 깨어남, 자각awakening이라 표현했었다. 가치판단적인 단어이기는 하지만 나와 다른 사람들, 권력과 목소리와 신뢰도와 가치의 공평한 분배를 통제하려는 사회체제를 인식하기 위해서는 잠에서 깨듯 깨어나야 하는 것이 맞다.

그 반대는 무엇일까? 악몽으로 떨어지는 것뿐이다. 그 악몽 또한 이 시대에 눈에 띄는 강력한 힘으로 백인 우월주의와 가부장제라는 악몽이며 그것들을 사수하기 위한 폭력의 정당화이다. 백인 우월주의와 여성혐오는 사람들에게 감정을 느끼지 말고 타인을 중요하게 여기지 말라고 말한다. 사고를 확장하지 말고 유대감을 갖지 말라고, 다른 사람들을 인식하지 않아도 된다고 말한다. 인식하지 않고 신경 쓰지 않고 정보를 듣지 않고 연대하지 않아도 된다고 말한다. 이런 태도는 "정치적으로 올바른 관점"을 갖는 의무로부터의 짜릿한 해방이라도 되는 것처럼 포장된다. 즉 다른 사람들을 가치와 권리가 있는 사람으로, 그들의 입장을 이야기할 권리를 가진 사람으로 대하지 않아도 된다는 말이다. 내가 이것을 악몽이라고 부른 이유는 결국 환영에 불과하기 때문이다. 그 환영 안에는 두려움이 있고 과거 영광에 대한 환상이 있으며 수십 년간의 변화를 물거품으로 만들기 위한 시도가 있고 새로운 관점을 주목받지 못했던 초기의 상태로 돌려보내고 존재하지도 않는 과거로 복귀하길 원하는 허황된 꿈이 있다. 이들은 진실이 과학이나 탐사 보도나 다른 실증적인 도구에 의한 증거로 결정되지 않고 위협과 힘에 의해 결정된다고 말한다. 무엇이 되었건 자신들이 원하는 바가 진실이며 그들이 원하는 것이 바뀌면 진실도 바람 빠진 풍선처럼 꺼지고 손바닥처럼 뒤집힌다. 이야기하는 사람에게 죽이겠다고 협박을 하는 이유는 무엇일까? 그 이야기가 실은 옳을 수도 있기에, 아니 그것이 사실임을 알기 때문일 것이다.

이렇게 현재 거센 백래시가 몰아치고 있지만 — 아니면 이것들이 백래시에 불과하기 때문에 — 나는 새로운 시민들이 새로운 성당을 직접 짓는 이 프로젝트에 대해 여전히 희망적이다. 그 공사가 잘 진행되고 있다는 사실을 알고 있기 때문이다. 우리가 매일 해야 할 일은 우리를 싫어하는 사람을 개조하는 것이 아니라 세상을 바꾸어 혐오자들이 과도한 힘을 갖지 못하게 하고 다른 사람들마저 그 악몽 속으로 빨려 들어가지 않게 하는 것이다. 새로운 세대는 전반적으로 이전 세대보다 발전했으며 인구 분포 또한 자연스럽게 변해 미국은 25년 이내에 비백인이 다수가 되는 사회가 되기 때문이기도 하다. 백래시와 차별의 속도는 다양성의 속도를 따라잡지 못하고, 빈곤의 원인이나 기후변화의 현실이나 여성의 평등이라는 주제로 들어가면 이야기는 더 정밀해질 수밖에 없다. 우리의 이야기들이 더 많은 사람들을 초대할 것이며 이 이야기는 우리를 더 너그럽고, 더 희망차고, 더 공감하는 사람으로 만들 것이다. 마지막으로 내가 희망을 갖는 이유는 내가 태어났던 그 우중충한 세상에 비해 지금은 너무나 많은 것이 변했기 때문이다. 그 시대의 남성 중심주의와 백인 우월주의가 이제 막 도전을 받기 시작했고 환경, 성적 취향, 권력, 연대, 쾌락에 대한 언어들이 태동하고 있다. 이제 우리는 다시 뒤로 돌아갈 수 없다.

차례

들어가며
새로운 성당을 짓고 자명종을 울리는 일 5

1부
소리치는 자들과 침묵하는 이들

누구의 이야기, 누구의 나라인가 27

노바디는 알고 있다 44

진실마저 바꿔버리는 사람들 59

무의식적 편견이 대선에 출마하다 75

투표 억압은 집에서부터 시작된다 85

온갖 거짓말이 법으로 재탄생하다 95

남성의 몰락은 지나치게 과장되어 있다 110

포드 박사님, 당신이라는 지진을 환영합니다 130

여성들의 이야기가 절대 멈추지 않기를 137

섹스는 자본주의적인 문제다 148

여성의 일과 괴물 예술가라는 신화 157

이 모든 분노 167

내가 남자라면 184

2부
오프닝

건너다 203

여인들의 도시 218

영웅의 등장은 일종의 재난이다 226

길게 펼쳐지며 오래 이어지는 현재 앞에서 245

무너지는 기념 동상과 이름의 힘 259

어린 기후 운동가들에게 보내는 편지 270

감사의 말 278

수록문 출처 282

1부

소리치는 자들과
침묵하는 이들

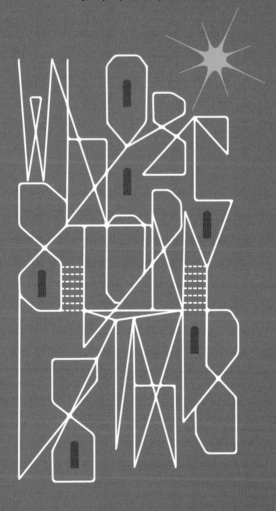

누구의 이야기, 누구의 나라인가

'진짜' 미국이라는 환상에 대하여

우리 앞에 떡 버티고 서 있는 이상하고 신경 거슬리는 문화적 서사에는 다음과 같은 공통분모가 있다. 우리 중에 누가더 중요한지, 이건 누구의 이야기인지, 그리고 누가 동정을받아야 하는지에 대한 가정이다. 누가 연민을 받아야 하고 누가 양손에 선물을 쥐어야 하고 누가 더 순수하고 누가 사랑받아야 하고 누가 레드 카펫에 오를 자격이 있는가. 궁극적으로왕국과 권력과 영광이 누구에게 돌아가야 하는가. 누구를 말하는지 익히 짐작했을 것이다. 일반적으로 백인들, 특히 백인남성들, 더 구체적으로 이성애자 백인 프로테스탄트 남성들이 그들이다. 이들 중 일부는 엄마들이 자주 하던 잔소리 중하나인 '나눠 가져라'를 하고 싶지 않아서, 그렇지만 앞으로이 행동을 해야 한다는 것을 알기에 깊이 실망해 입을 댓발내밀고 있는 듯이 보인다. 이제까지 이 나라의 역사는 백인들이 주인공이자 기록자였으며 아직도 언론은 그 방향의 논점으로 우리 모두를 끌고 가려고 한다. 이는 우리 시대의 가장 큰 갈등이자 전쟁이라고도 할 수 있다. 이 모든 건 누구에 관한 이야기이며 누구를 우선시하고 누가 결정을 내리는가에 대한 것이다.

사회는 우리에게 이 특정 인구에게 더 많은 관심을 보여야 하고 용서해야 한다고 지속적으로 요구한다. 그들이 우리를 미워하고 해를 끼치려 할 때도 하해와 같은 마음으로 그들을 품어주어야 한다고 말한다. 그들을 향해서 무한한 연민과 따스한 공감을 보내달라고 부탁한다. 어디를 가나 비슷한 권고들이 보인다. PBS「뉴스아워」NewsHour는 2018년 3월에 보수주의 정치학자 찰스 머리Charles Murray의 다음과 같은 질문을 특집으로 다루었다. "당신은 버블에 살고 있습니까?" 이 질문에 내제된 가정은 만약 당신이 싸구려 미국산 맥주를 마시는 사람이나 픽업트럭 운전사나 공장 노동자와 개인적인 친분이 있지 않다면 도시 중산층 엘리트 사회라는 버블에 살고 있다는 말이다. 그 특집에는 이런 질문도 있었다. "도시 근교의 위성도시도 아니고 대학 도시도 아닌 인구 5만 명 이하의 미국 지방 소도시에서 적어도 1년 이상 살아본 적이 있는가? 공장 바닥을 직접 밟아본 적이 있는가? 친한 친구 중에 복음주의 기독교인이 있는가?"

이 질문들이 기본적으로 캐고자 하는 건 우리가 지방 소도 시나 농촌 지역에 거주하는 백인 기독교 노동자 계층 미국인과 알고 지내는지 여부다. 배관공 조가 아닌 사람은 무조건 고학력 중산층 도시 엘리트 모리스라도 된다는 것일까? 이 논리에 따르면 우리는 그 사람들을 반드시 알아야 한다. 반면 그들이 굳이 우리를 알 필요는 없다. 미국 인구 중 백인 복음주의자는 20퍼센트가 채 되지 않으니 그 비율은 라티노보다 약간 높은 수준이며 게다가 백인 복음주의자 인구는 가파르게 감소하고 라티노 인구는 빠르게 증가하고 있다. 현재 대부분의 미국인들은 도시에 산다. 이 질문이 전달하려는 메시지는 결국 이것이 아닐까. 안타깝게도 도시에 거주하는 80퍼센트의 우리는 순수 미국인이 아니다. 비기독교인과 비백인도 사실 미국인이 아닐지 모른다. 남성 공장 노동자 외에 다른 분야의 저소득 노동자들(판매직 노동자, 서비스직 노동자, 농업 종사자)은 미국인이 아닐 수도 있다. 현재 미국에는 광산 노동자보다 박물관 직원의 숫자가 확연히 더 많지만 광부는 나라의 기둥이자 신성한 존재이기에 국가로부터 보조금을 받아야 하는 시대의 희생자다. 박물관 직원들도 꽤 많긴 하겠지만 글쎄다. 그 직업을 우리 국가 정체성의 상징으로 이야기하는 사람은 어디에도 없다.

PBS는 버블 질문 마지막에 작은 메모를 추가했다. "찰스

머리의 전문 분야는 미국의 백인 사회 문화이기에 서두의 질
문은 일부 편집되었다." PBS는 찰스 머리가 수많은 비판을
받은 악명 높은 책 『벨 커브』*The Bell Curve*의 저자라는 점은 언
급하지 않았고 왜 인종주의자로 평가받는 인물의 발언을 인
용했는지에 대해서도 가타부타 말이 없었다. 진짜 문제는 이
백인, 기독교인, 교외 거주자, 소도시 시민, 미국 지방민에 속
하는 수많은 사람들이야말로 버블에 살고 싶어하고 본인들이
버블에 살 자격이 있다고 생각한다는 점일지 모른다. 그들은
자기들이 아닌 나머지 우리를 자신의 앞길을 막는 방해꾼이
나 침입자로 여기고 있다.

2017년 8월에는 버지니아주 샬러츠빌에서 백인 남성들이
집결해 대규모 시가행진을 벌였다. 이들은 KKK단을 연상시
키는 티키 횃불을 들고 행진하며 한목소리로 외쳤다. "너희
는 우리를 대체할 수 없다." 이 말은 이렇게 번역된다. "내 버
블에서 당장 꺼져." 이 버블이란 대체로 픽션에 불과한 그때
그 시절 미국에 대한 낭만적 정서이자 구시대적 정신 상태다.
현재 미국 시민들의 공통 정서는 분명 아니다. 예컨대 캔자
스주 로렌스의 화학 교수이자 세 아이의 아버지인 모범 시민

• 1994년에 출간된 책으로 인종 간의 지능 지수에 차이가 있다고 주장했다. ─옮긴이

셋 아메드 자말Syed Ahmed Jamal의 추방 반대 시위를 벌인 이웃들은 그 정서를 공유하는 미국인이 아닐 것이다.• 미 이민국은 30년째 미국에 살고 있는 자말을 수갑을 채워 연행해 강제 추방하려 했다. 오직 백인 남성만이 이 정서를 공유하고 있는 것도 아니다. 많은 여성들이 백인 남성 중심의 서사를 영속하는 데 적극적으로 참여하기도 하고, 수많은 지각 있는 남성들은 시대착오적 사고를 깨고 나온다.

또한 실제 미국 중서부 시골 마을에 살고 있는 노동자 계층 남성들이 나서서 가장 야비하고 무지한 발언을 날리는 것도 아니다. 「폭스 뉴스」Fox News의 앵커이자 부유층 백인 남성 터커 칼슨Tucker Carlson은 펜실베이니아주의 광산 도시인 헤이즐턴에 관한 뉴스를 전달하며 대단한 선언을 하듯이 말했다. "이민은 인간이 소화할 수 있는 정도보다 더 과도한 변화를 가져옵니다." 그의 시나리오 속에서 인간은 이민자가 아닌 헤이즐턴 마을의 백인들뿐인 것일까. 아마도 이민자들은 인간이 아니라는 말을 돌려 하는 것인지도 모른다. 또한 그의 시나리오에 인간은 이제까지 더 큰 변화도 얼마든지 소화해왔다는 명백한 사실은 들어 있지 않은 듯하다. 여기서도 지방

• 방글라데시에서 미국으로 건너와 30년째 살고 있는 아메드 자말은 캔자스시티 파크대학 화학과 부교수로 열네살, 열두살, 일곱살 된 세 자녀가 지켜보는 가운데 수갑까지 채워져 연행되었다. ─옮긴이

소도시 백인 미국인 서사가 마치 우리 모두의 이야기처럼, 혹은 우리가 가장 주목해야 할 사람들의 이야기인 것처럼 보도된다. 이런 보도를 연이어 듣고 있으면 이민자들이 모여 사는 도시를 파고드는 젠트리피케이션 문제는 중요하게 다루어야 하는 뉴스가 아닌 것만 같다. 미국 대부분의 주보다 로스앤젤레스 카운티와 뉴욕시의 인구가 많지만 이 도시들은 진정한 미국이 아닌 것만 같다. 뉴욕시의 이민자 인구는 캔자스주 전체 인구를 (혹은 네브래스카, 혹은 아이다호, 와이오밍, 웨스트버지니아처럼 광산 노동자들이 산다고 강조되는 주의 인구를) 훌쩍 넘어선다. 로스앤젤레스 카운티만 해도 미국의 단 아홉개 주를 제외하고는 다른 모든 주보다 인구가 많다. 우리의 문제 많은 선거제도를 기억하는가. 흑인 유권자 공민권 박탈disenfranchisement로 인해 흑인표가 개표 과정에서 배제된다. 부당한 선거구 획정인 게리맨더링도 이루어지고 선거인단제도 때문에 인구당 투표수가 제대로 반영되지 않는다. 인구와 크기에 상관없이 각 주에 상원의원이 두명씩 할당되어 있다. 이들의 목소리는 이미 충분히 이 사회와 정치에 반영되고 있음을 잊지 말아야 한다.

2016년 대선 이후 우리가 백인 노동자 계층을 더 배려하고 이해했어야 한다는 말을 귀에 못이 박힐 정도로 들었다. 노동자 계층은 곧 백인이라는 메시지를 재확인하면서 다수를 차지하는 비백인 노동자 계층은 주목하지 않게 했다. 우리는 도널드 트럼프Donald Trump 지지자들이 세상의 소금이자 고통받는 이들이라는 말을 들었으나 실은 그들보다 훨씬 더 고생스럽게 살아가는 사람들이 다른 후보에게 표를 주었다. 우리는 백인 남성들이 내린 어쩔 수 없는 선택을 이해해주어야 한다는 말을 인이 박이게 들었다. 그들이 백인 이성애자 시스젠더 기독교 남성이 아닌 모든 국민에게 위협을 가하는 남자에게 표를 던지긴 했지만 이해해야 한다. 그들의 다친 마음이 다른 모든 이들의 생존보다 우선하기 때문이다. 버니 샌더스Bernie Sanders는 우리를 질책하듯이 이렇게 말하기도 했다. "어떤 사람들은 트럼프에게 표를 던진 사람들이 인종주의자이고 성차별주의자이고 동성애 혐오자이고 개탄스러운 인간들이라고 생각합니다." 그러나 각종 연구 결과와 그뒤로 벌어진 사건들을 종합했을 때 실제로 그들이 인종주의자, 성차별주의자, 동성애 혐오자일 확률이 상당히 높았다.

누구의 이야기인지 알아내는 또 하나의 방법은 언어폭력이나 물리적 공격을 가한 인물이 얼마나 빨리 용서받는지를 보는 것이다. 2018년 초 시사 잡지 『애틀랜틱』*Atlantic*은 케빈 윌리엄슨Kevin Williamson 기자를 채용했는데, 그는 '낙태'하는 여성들은 교수형을 당해야 한다고 말한 바 있다. 결국 자신의 몸에 주도권을 행사했던 미국 여성 4분의 1이 사형을 당해야 한다는 생각을 그리 환영하지는 않는 사람들로부터 압박을 받자 다시 채용이 철회되긴 했다. 『뉴욕 타임스』*New York Times* 또한 윌리엄슨과 크게 다르지 않은 일군의 보수주의자들을 기자로 고용했다. 그중 한명은 기후 문제에 있어서 자신은 중립을 지킨다고 하는 브렛 스티븐스*Bret Stephens*로 그는 칼럼에서 윌리엄스에 대한 무한한 연민을 표현하고 그를 끌어내린 사람들에게 분개했다.

미국의 버블을 옹호하는 사람들은 이야기 속 백인 남성에게 자동적으로 연민을 보낸다. 중요한 이야기가 그들의 이야기라고 처음부터 가정하고 있다. 그 남자가 원래부터 주인공이고 더 중요한 사람이지 않은가. 앞서 말한 스티븐스 기자는 우디 앨런*Woody Allen*을 옹호하고 자신을 성추행한 양아버지의 실상을 솔직히 고백한 딜런 패로우*Dylan Farrow*를 공격했다. 그는 우디 앨런의 입장이 되어보기 위해 최선을 다하면서 딜런 패로우나 그 같은 여성들을 한없이 작은 존재로 만들기 위해서도 노력했다. 이는 성폭행을 당한 후 경찰에 신고하고 법정에서 싸우는 젊은 여성들이 성폭행범의 전도유망한 미래를 망치고 있다는 말을 듣는 것과 같은 맥락이라 할 수 있다. 가해자는 자기 손으로 자신의 밝은 미래를 망쳤을 뿐이지만 젊은 여성에게도 똑같이 전도유망한 미래가 있다는 말은 왜 하지 않는가. 몇년 전 온라인 풍자 잡지 「어니언」*Onion*은 이렇게 비꼬기도 했다. "대학 농구 스타가 자신이 저지른 비극적인 성폭행을 영웅적으로 극복하다."

누가 이야기의 주인공 자리를 차지하는지는 대단히 정치적인 문제이기도 하다. 페미니즘은 유명한 고전의 서사를 전복하고 주인공이 아닌 주변 인물에 초점을 맞추어 새로 쓴 여러권의 문학 작품을 선물하기도 했다. 진 리스Jean Rhys는 『광막한 사르가소 바다』*Wide Sargasso Sea*에서 시점을 제인 에어에서 로체스터의 카리브해 출신 첫 아내로 바꾸었다. 제인 스마일리Jane Smiley의 『천 에이커의 땅에서』*A Thousand Acres*는 리어왕의 줄거리를 따라가지만 리어왕이 아니라 첫째 딸 고네릴의 관점으로 바라본다. 크리스타 볼프Christa Wolf는 에우리피데스의 『메데이아』*Medea*를 재해석해 악녀가 아닌 메데이아의 모습을 제시했다. 마거릿 애트우드Margaret Atwood의 『페넬로피아드』*The Penelopiad*는 오디세우스가 아닌 그의 아내 페넬로페를 생생하게 그린다. 어슐러 K. 르귄Ursula K. LeGuin의 『라비니아』*Lavinia*는 베르길리우스의 「아이네이스」*Aeneis*를 재구성하며 그의 두번째 아내인 라비니아를 조명한다. 미술계에서도 동류의 관점 전복이 일어난다. 뉴욕의 미국 자연사 박물관이 소장한 네덜란드인들과 레나피족과의 만남을 묘사한 벽화 위에는 그 장면 하나하나를 구체적으로 비판한 토착민 역사학자의 설명서가 붙어 있다. 그러나 언론계와 정치계에서는 여전히 누구의 이야기이고 누가 중요하고 누구에게 연민과 관심을 보내야 하는지에 대한 갈등이 그치지 않는다.

연민이 엉뚱한 방향으로 흐르면 많은 이들이 그 위험한 흐름에 동참하기 쉽다. 『뉴욕 타임스』는 2015년 콜로라도주 스프링스의 가족계획연맹 병원에 들어가 무차별 총격으로 세쌍의 부모를 살해한 가정 폭력 전과 남성을 "내성적인 독거남"이라고 묘사했다. 2018년 3월에 텍사스주 오스틴을 공포에 떨게 한 연쇄 택배 폭발 테러 사건의 범인이 검거되자 수많은 기자들이 그의 가족과 친구들을 찾아가 인터뷰하며 이 남성의 긍정적인 면들을 애써 끌어내기 시작했다. 마치 그 사소한 특징들이 일반 시민이 인지한 명명백백한 사실, 즉 그는 그저 과격주의자이며 악의적이고 치졸한 방법으로 일부러 흑인이나 히스패닉을 대상으로 테러를 가한 범죄자일 뿐이라는 사실보다 유효한 것처럼 묘사했다. 『뉴욕 타임스』는 트위터에 그가 "가족 간의 유대가 강한 안정적인 가정에서 자란 내성적인 '모범생'NERDY 청년이었다"고 친절히 일러주기도 했다. 『워싱턴 포스트』*Washington Post*는 기사 제목을 "좌절한 청년"이라고 뽑았다. 이 땅 위의 수백만 청년들이 좌절하지만 자기 연민에 빠져 테러리스트가 되지는 않는다는 점을 고려하지 않은 것일까. 『데일리 비스트』*Daily Beast*에 실린 기사의 부제가 그중 가장 적확하다 할 수 있다. 기사는 집에서 폭탄 제작을 하다가 사고로 숨진 우파 테러리스트를 이런 문장으로 설명했다. "벤 모로의 친구와 가족들은 그가 성경을 손에서 놓지 않았던 연구실 직원이라고 했다. 한편 경찰은 그가 폭탄을 제조한 백인 우월주의자일 뿐이라 말했다."

2018년 3월 메릴랜드주의 한 백인 십대 청소년이 자신의 고등학교에 총을 들고 가서 제일린 윌리Jaelynn Willey를 살해했을 때, 언론은 그에게 "상사병 걸린 소년"이라는 이름표를 붙여주었다. 마치 한번 데이트한 여성에게 거절당했을 때 나오는 자연스러운 반응이 계획적인 살인인 것처럼 말이다. 한편 이 사건이 일어난 마저리 스톤맨 더글러스 고등학교의 학생이자벨 로빈슨Isabelle Robinson은 『뉴욕 타임스』에 호소력 있는 칼럼을 실었다. 그녀는 2018년 밸런타인데이에 학교에서 동급생 열일곱명의 목숨을 앗아간 총기 난사 사건의 살인자를 둘러싼 온갖 변명을 들으며 이렇게 생각했다고 말했다. "나는 같은 학교 친구들이 크루즈에게 조금만 더 친절했다면 스톤맨 더글러스 학교의 총격 사건은 일어나지 않았을 거라는 뉘앙스가 담긴 기사들을 읽을 때마다 속이 메슥거렸다." 그녀가 언급했듯이, 이런 관점의 기사는 짐을—그리고 비난을—악의적이고 사이코 성향이 있는 소년이나 남자들이 아니라 그들의 욕구를 채워주지 않은 주변인들에게 지우려 한다.

이러한 해석은 곧 우리가 그들에게 마음의 빚을 졌으며, 그들에게 특권을 떠먹여주어야 하는데 그러지 않았다는 뜻을 비치기도 한다. 그들이 받아야 한다고 생각한 대접을 얻지 못하자 복수를 했다는 논리로까지 끌고 간다. 2014년 UC 샌타바버라의 여학생 기숙사에 들어가 여학생들에게 총을 난사한 엘리엇 로저스Elliot Rodgers 사건을 보자. 그는 매력적인 여자들과의 섹스가 자신의 생득적 권리인데 여자들이 이를 어기고 있으므로 자신의 또다른 권리를 사용해 그들 중 일부에게, 가능한 한 많은 이들에게 죽음이라는 형벌을 내려야 한다고 믿었다. 그리하여 여섯명을 사살하고 열네명에게 부상을 입혔다. 마저리 스톤맨 더글러스 고등학교 살인자인 니컬러스 크루즈Nikolas Cruz는 그 선례를 접하고 이렇게 말한 바 있다. "엘리엇 로저스는 영원히 기억될 것이다." 또한 2018년 4월 토론토에서 무차별 총격으로 열명을 살해하고 열네명에게 부상을 입혔던 범인 역시 인터넷에 로저스를 찬양하는 글을 올렸다.

여성들은 남성의 욕구를 만족시켜주어야 한다는 책임감을 내면화하곤 한다. 2006년 스토미 대니얼스Stormy Daniels는 처음 만난 남성과 호텔 방에 들어간 자신의 행동에 책임을 져야 한다고 생각했고 원치 않는 섹스를 제공해야 할 것만 같은 의무감을 느꼈다. 대니얼스는 앤더슨 쿠퍼Anderson Cooper와의 인터뷰에서 다음과 같이 말했다. "내가 자초한 거라고 생각했어요. 다른 사람 방에 혼자 들어간 건 나쁜 판단이었으니까.

머릿속에서 계속 이런 목소리가 들렸죠. '날 나쁜 상황에 밀어 넣은 건 나고 그 때문에 나쁜 일이 생겼으니 나는 당해도 싸.'"(여기서 대니얼스가 도널드 트럼프와의 성관계를 "나쁜 일"로 분류하고 자신이 당해도 싸다고 말했다는 건 그 일이 곧 받고 싶지 않았던 벌이었다는 의미임을 주목할 필요가 있다.) 그 남자의 욕구는 충족되어야만 했다. 여자의 욕구는 억눌러야 했다. 언론이 스캔들을 터트리자 그의 입장은 정설이 되고 그녀의 입장은 조용히 묻혔다. 그러자 그녀는 자신이 서명했던 비밀 유지 각서의 유효성을 두고 소송을 제기했다. 비밀 유지 각서는 성폭행 피해자들의 입을 막기 위해 사용되는 흔한 법적 계약서로 대중이 듣는 이야기가 여자 입장의 이야기가 아닐 수 있게 만든다.

『뉴욕 타임스』의 기사 제목을 보면 여성들은 본인을 위해 무언가를 원해서는 안 되는 존재들인 듯하다.『뉴욕 타임스』는 대니얼스가 야망이 있는 여자라는 점을 언급하며 꾸짖는 어조로 기사를 썼다. 야망이란 다양한 분야에서 성공한 여성들이 추구할 때는 언제나 입에 오르내리지만 남성이 야망을 품었을 때는 어디론가 숨어버리는 단어다. 연기하고 영화를 연출하고 정치적 경력을 쌓는 모든 남성은 야망을 갖고 있다.『뉴욕 타임스』는 스토미 대니얼스라는 성공한 배우의 경력을 이렇게 소개했다. "대니얼스는 자기홍보에 동물적 본능을 갖고 있으며 타고난 경쟁심과 돋보이려는 욕망을 숨기지 못한다." "그 여성은 자기 사업을 자신의 의지와 의도대로 밀고 나가려 한다." 이 글에 함축된 의도는 발 매트가 되지 않으려는 여자는 곧 채찍을 들고 성행위를 주도하는 여자라는 뜻이 아닐까.

2010년에 발표된 정치학 연구 논문이 최근 다시 발굴되어 조명받고 있다. 모든 조건이 동일하지만 성별만 다른 가상의 상원의원 후보에 관한 반응 연구다. "일반적으로 남성 정치가에 대한 호감도가 여성 정치가보다 더 높은지에 상관없이 참여자들이 유독 부정적으로 반응한 부분은 여성 정치가의 권력을 향한 야심이었다." 이 논문의 저자들은 이러한 반응을 "도덕적 분노"로 분류했다. 감히 어떻게 여자가 권력을 탐한단 말인가. 감히 여자가 남이 아니라 자신을 위한 행동을 하려고 하다니. 사실 정치적 권력이란 다른 사람들을 위해 일할 때 필요한 도구일 수 있음에도 불구하고 여자에겐 허락되지 않는가보다. 감히 여자가 어떻게 세상이 자기를 중심으로 돌아가야 한다고 생각하고, 이야기의 향방을 결정하는 사람이 되려고 한단 말인가.

그리고 미투 운동과 타임스 업 운동*이 일어났다. 수백수천

---

* 2018년 미국 할리우드의 여성 배우, 감독, 제작자 등이 성폭력 및 성차별에 대응하기 위한 단체 '타임스 업'을 결성했다. ─옮긴이

명의 여성들이 성폭행, 협박, 성추행, 수치심, 무력에 의한 폭행 이야기를, 자신의 경력을 앗아가고 거의 자살 직전까지 내몬 과거의 경험을 쏟아내었다. 남성들이 이 운동에 어떻게 반응했을까? 같은 남성들에게 연민을 표했다. 영화감독 테리 길리엄Terry Gilliam은 이런 발언으로 자신이 구시대를 대표하는 목소리라는 사실을 온 세상에 알렸다. "나는 맷 데이먼Matt Damon 같은 남자들, 참으로 바르고 모범적인 남자들이 안쓰럽다. 그가 나와서 모든 남자가 강간범은 아니라고 했다가 거의 죽을 때까지 두들겨 맞지 않았나. 이렇게까지 해야 할까. 이건 아니지 않은가!" 단연코 맷 데이먼은 죽을 때까지 얻어맞은 적이 없다. 그는 현재 전세계에서 가장 몸값이 높은 배우이며 이 사실은 죽을 때까지 얻어맞는 상황과는 상당히 거리가 멀다고 할 수 있다. 배우 크리스 에번스Chris Evans는 이 시점의 변화에 대해 더 나은 통찰을 보여주었다. "실천하기 쉽지 않겠지만 알고는 있어야 한다. 때로는 선한 의도가 있다고 해서 꼭 목소리를 내야 하는 것은 아니다."

미투 운동의 격변 이후 안타깝게도 다음과 같은 후속 반응들이 이어졌다. '남자들이 괴물이었던 건 맞지만 그 결과가 참혹하다' '이 사태가 남자들의 정서적 안정에 어떤 영향을 미치는가?' '이런 사건들이 일어나고 있는데 남자들은 무사한가?' 남자들이 불편해한다는 사연은 끊임없이 생산되었던 반면 이 변화 이후 여성들이 어떻게 느끼고 있는지는 보도되지 않는다. 성추행하는 직장 동료가 해고되거나 남자들이 적어도 여자들을 추행하고 만질 권리가 없다는 사실을 인지하게 된 사무실 분위기에서 여자들이 전보다 얼마나 더 안전함을 느끼는지에 대한 글은 나오지 않는다. 남자들은 자신들의 정신적 안정을 기본적인 권리로 알고 있다. 100명이 넘는 여성 체조 선수들을 추행한 미시간 주립대학 체조팀 주치의 래리 나사르Larry Nassar는 피해자들이 법원에서 그가 저지른 악행이 인생에 미친 영향을 진술하겠다고 하자 반대 의사를 비쳤다. 듣고 있기 불편하다는 것이 그 이유였다. 소녀들과 젊은 여성들은 그동안 내내 침묵했다. 그러다가 한명씩 일어나서 말을 시작했다. 그러나 힘이 있는 어떤 사람들도 — 때로는 그들의 부모들도 — 그들의 말을 듣고 행동을 취하려 하지 않았다. 2016년 『인디애나폴리스 스타』Indianapolis Star는 나사르의 추행과 체조계 성인 남성들의 성폭력을 폭로했다. 그때까지만 해도 여성의 이야기는 아니었다. 사실 항상 그렇지 못하다. 거의 그런 적도 없었다.

우리는, 우리 문화는 더 많은 사람, 더 많은 목소리, 더 많은 가능성이 함께하는 미래로 나아가고 있다. 어떤 사람들은 뒤처질 텐데, 미래가 그들을 참아주지 않아서가 아니라 그들이 미래를 견디지 못해서다. 주류 문화 속 백인 남성 프로테스탄트는 환영받지만 크리스 에번스가 지적한 대로 이 이야기는 항상 그들의 이야기는 아닐 것이고 이야기를 하는 사람도 언제나 그들만은 아닐 것이다. 우리 모두가 이야기의 화자이자 주인공이 될 것이다. 백인 프로테스탄트는 이미 소수이고 2044년 전후로 비백인이 투표권을 가진 주류가 될 것이다.

이 나라는 모든 사람을 위한 곳이라고 믿는 사람들을 수용할 충분한 공간을 갖고 있다. 그렇게 믿지 못하는 사람은 글쎄, 어떻게 행동할까? 그래서 지금 우리가 누구의 이야기를 해야 하는지를 놓고 전쟁을 벌이고 있는지도 모른다.

노바디는 알고 있다[*]

　열여덟살 때 몇개월 동안 작은 식당에서 서빙 아르바이트를 한 적이 있다. 샌프란시스코 베이를 마주 보고 있는 밝고 쾌활한 분위기의 식당이었다. 부엌은 L자 모양이었는데 주인은 커피 메이커와 계산대가 있는 L자의 짧은 부분에 서 있고 나는 다른 쪽 끝 식기세척기 옆, 주인이 잘 볼 수 없는 곳에서 주로 일했다. 보통 조리대와 업소용 8구 가스레인지 사이에 요리사가 서 있었다. 그는 술을 좋아하고 눈이 충혈된 중년의 남자로 예고 없이 나를 뒤에서 붙잡거나 끌어안곤 했다. 아무

---

[*] 이 에세이를 쓸 무렵에 한 손님이 웨이트리스의 엉덩이를 움켜잡았던 사건이 있었다. CCTV에 찍힌 영상을 통해 우리는 그녀가 단 한순간도 머뭇거리지 않고 돌아서서 그를 바닥으로 밀어버리는 장면을 볼 수 있었다. 식당 매니저도 직원의 입장을 지지했고 경찰도 그러했다. 그는 체포되었고 폭행죄로 기소되었다. 자기 권리를 당당하게 지키는 모습과 그 여성을 지지해주는 주변 사람들을 보면서 실은 많이 놀랐다. 나는 이런 상황을 혼자 조용히 처리하는 데 익숙했기 때문이었다. 나는 그 젊은 여성과는 다른 시대에서 다르게 형성되어버린 사람임을 알게 되었다.

도 알아채지 못했고 당시는 애니타 힐Anita Hill이 "성희롱"이라는 단어를 대중적인 용어로 만들기 10년 전이었으므로 나는 그 남자가 내 권리를 침해하고 있으며 나를 불쾌하고 난처하게 한다는 사실을 어렴풋이 알았지만 적당한 말로 설명할 수가 없었다. 아니 알았다 해도 말로 풀어내지 못했을 것이다. 그 시대는 그런 일들이 생겨도 별일 아닌 척 담담하게 넘어가면서 무난하게 빠져나갈 방법을 스스로 알아내야 했던 시대였기 때문이었다. 불만을 터트리거나 누가 중재해주길 바라는 건 지나친 욕심이었다.

전혀 반갑지 않은 깜짝 접촉이 몇주 동안 이어지자 나도 전략을 세웠다. 요리사가 내 근처로 올 때는 깨끗한 유리컵이든 쟁반을 들고 있었던 것이다. 역시나 그가 내 허리를 잡았고 나는 비명을 지르며 들고 있던 쟁반을 그대로 손에서 놓아버렸다. 유리컵이 와장창 깨지면서 일대 혼란이 연출되었다. 역시 중년 사내였던 주인은 황급히 뛰어오더니 요리사를 나무랐다. 유리컵은 나와는 달리 소리를 낼 줄 알았고 나와는 달리 중요했던 모양이다.

약자들은 종종 잔머리에 능하다는 평이 있는데 직접적인 호소가 여의치 않은 경우가 대부분이라 간접적인 수단을 동원해야 할 때가 있어서다. 내가 약자였을 때 남자가 나에게 손대지 않게 할 수 있는 내가 아는 유일한 방법은 더 센 강자가 강압적인 힘을 발휘하도록 꼼수를 쓰는 것이었다. 나에게는 권위가 없었거나 권위가 없다고 믿을 수밖에 없는 이유가 있었다. "당신이 스타면 사람들은 어떤 일이든 하게 해준다"라는 문장은 필연적으로 다음의 문장과 일맥상통한다. "당신이 노바디nobody라면, 사람들이 당신에게 하는 짓을 막을 수 없다."

사실 나는 꽤 젊었을 때도 완전히 '노바디'라고는 할 수 없는 위치였다. 내가 쟁반을 떨어뜨린 지 10년 후에 나는 첫 책을 쓰기 위해 한 남자를 인터뷰 중이었다. 그는 기혼이었고 나의 부모님 연배에 가까웠지만 나와 단둘이 있게 되자 표정이 변하더니 치근덕거리기 시작했다. 그가 그와 나와의 상호 관계를 비공개 상황off the record으로 여긴다는 사실을 짐작할 수 있었는데 아마도 젊은 여자들은 잘 들리지 않는 존재로 분류되기 때문일 것이다. 그에게 소리 지르고 싶었다. **지금 공개적으로 기록하는 중이라고요.** 그가 나를 존중했다면 나는 그에 대해서 제대로 알지 못했을 것이다. 그를 원래보다 나은 사람으로 생각했을 것이다.

아는 것이 힘이라는 말은 한번쯤 고개를 끄덕인 적 있는 고전 격언이다. 그러나 이 말의 정반대가 옳을 수 있다는 가능성, 힘은 무지에서 올 수 있다는 명제는 그다지 명성을 얻지 못하고 있다. 힘 있는 자들은 스스로를 망각과 무지라는 막으로 감싼 채 타인의 고통을 회피하고 그 고통과 자신은 관련이 없다고 믿는다. 그들의 눈에는 많은 것이 숨겨지고 빈자와 약자들의 세상에서 멀찍이 떨어져 있다. 더 많이 가진 사람일수록 더 조금 안다.

예컨대 내가 살고 있는 샌프란시스코에서 나 같은 백인 여성은 청색이 이 도시의 갱단을 상징하는 색이라는 사실을 몰라도 사는 데 큰 지장이 없다. 그러나 라티노 청년이 이 사실을 모른다면 위험한 상황에 처할 수도 있다(경찰의 검문을 받을 수도 있다). 마찬가지로 여성들은 남성 주변에 있을 때 안전을 지키기 위한 전략들을 숙지하고 있지만 남성들에겐 선택권이 있어 알아도 되고 몰라도 된다. 실은 애초에 이 문제를 생각해본 적이 있다는 전제 안에서 말이다. (대학 강의실에서 학생들에게 성폭행을 피하려면 어떻게 해야 하는지 묻자 여학생들은 숨도 쉬지 않고 길고 긴 목록을 나열했지만 남학생들은 멀뚱멀뚱한 표정으로 앞만 보고 있었다.) 모든 하급자는 생존 전략을 알고 있고 이 전략의 일부는 비밀에 부쳐져야 한다. 불평등한 시스템은 이 비밀을 될 수 있는 한 감추고 강자들을 보호한다. 병장은 이등병이 자기 같은 윗사람의 단점을 어떻게 참는지 모르는 편이 낫고 주인은 하인들의 사생활에 대해서 알 필요가 없다. 하인들이 겉으로는 쩔쩔매면서도 뒤에서 경멸하고 있다는 사실은 몰라도 된다.

모든 세상이 조명이 비치는 무대인 건 아니다. 백스테이지와 극장 밖도 여전히 사람이 활동하는 영역이다. 조명 밖에서, 공식 규칙이 닿지 않는 곳에서도 각각 다른 수준의 힘을 가진 사람들이 행동하고 활동한다. 아랫사람들에게 이 공간은 그들을 억압하는 제도에서 어느정도 벗어날 자유를 의미한다. 권력자들에게 이 장소는 위선이 허가되는 곳이다. 때로 그들은 옆에 사람이 있어도 신경 쓰지 않거나 여기서 무슨 말을 하건 자신의 평판에 금이 갈 일이 없다는 듯이 행동한다. 중요한 것은 그 정보 자체가 아니고 누가 아는지, 누가 가진 지식과 정보인지다. 권력자들이 그 사실은 아무도 모른다고 말할 때, 그들의 행동은 노바디에게만 목격되었음을 뜻한다. 노바디들은 실은 알고 있다.

1970년대 중반 열여섯살이었던 나의 친구 팸 파머Pam Farmer는 미국 하원의 견습생*으로 일할 기회를 얻었다. 첫 여학생 견습생이 뽑힌 지 얼마 안 되었을 때였다. 최근에 팸은 저녁을 먹다가 이런 기억을 꺼냈다. 그 하원에서 일하던 시절에 공화당 휴대품 보관소에 서 있다가 애리조나주 하원의원인 샘 스타이거Sam Steiger가 육십대 여성인 뉴저지주 하원의원 밀

---

* page. 하원의 견습생 제도로 청소년들이 숙식을 제공받고 학교를 다니면서 하원의원들의 입법 활동과 행정, 사무 업무 등을 도왔으나 2011년 폐지되었다. ─옮긴이

리센트 펜윅Millicent Fenwick에게 지저분한 성적 농담을 하는 걸 들었다. 근처에 서 있던 또다른 하원의원인 배리 골드워터 주니어Barry Goldwater Jr.가 그 말을 듣게 되었고 동료에게 바로 직격탄을 날렸다. "아니, 손녀딸 앞에서도 그런 저질스러운 말을 할 겁니까?" 스타이거의 얼굴이 삽시간에 붉어졌고 곧바로 허둥지둥 사과했다. 동료 남자인 골드워터에게 말이다. 같은 공간에 우연히 그 사건을 목격한 권력자 남성이 있다는 사실이 중요했지 팸이 손녀딸뻘이라는 사실이나 여성 의원 펜윅이 존중받아야 한다는 사실은 그의 머릿속에 없었던 모양이다. 두 여성 모두 그가 한 사과의 직접적 원인이 아니었다. 그가 사과를 한 건 중요한 다른 사람이 알았기 때문이었다.

더 최근의 예가 있다. 2017년 12월 고등법원의 여성 직원들이 제9연방고등법원의 판사인 알렉스 코진스키Alex Kozinski를 성추행으로 고발했다. 이 남성은 여성 직원들을 사무실로 불러들여 포르노를 강제로 보게 하고 성희롱 발언을 하는 등 성추행을 일삼았다. 이후 고발한 직원들은 왜 이 남자 앞에서는 소극적으로 처신할 수밖에 없었는지를 설명하며 그들에게는 이 사람과 이 사람의 비열한 행동이 마치 한 자리에서 꿈쩍하지 않는 산맥처럼 크게 느껴졌다고 말했다. 여성 변호사 알렉산드라 브로드스키Alexandra Brodsky는 트위터에 이렇게 썼다. "공공연한 비밀이 이제 공식적으로 밝혀지게 되다니 기쁘다.

로스쿨에서는 모두가 알고 있었다." 하지만 알고 있다고 하는 그들은 노바디였다. 적어도 연방고등법원 판사에 비한다면 미미한 존재들이었다. 탐사 기자가 노바디 몇명의 목소리들을 모아서 영향력을 가진 무언가로 바꾸자 그제야 판사는 자신의 잘못을 인정하고 사임했다.

어쩌면 아는 것이 힘은 아닐지 모른다. 어떤 앎은 힘을 가지고 있고 어떤 앎은 마땅히 가져야 하는 힘을 빼앗기도 한다. 강자들은 앎이 부족하고 앎에는 힘이 부족하다. 정의로운 사회라면, 당신이 꿈꾸는 정의로운 사회에서라면 누군가가 나를 공격하거나 위협했을 때 그런 행동에는 필연적인 결과가 따를 거라고 말할지도 모른다. 그러나 행동으로 옮길 만한 힘이 없는 사람들끼리만 공유하는 공공연한 비밀은 말 그대로 하찮을 수 있다. 가끔은 아는 사람에게 물질적 보상이 돌아가기도 하지만 힘겨운 소송의 결과거나 합의금 명목일 뿐이다. 대중에게 소문이 파다하게 퍼졌다는 사실을 권력자가 못내 인정하면, 이를테면 언론 재벌 머독 가문이 폭스 뉴스 CEO 로저 에일스Roger Ailes의 길고 긴 성폭력의 역사가 폭로되고 말았음을 인지했을 때만 강자들은 행동할 때가 되었다고 느낀다.

거물 영화 프로듀서 하비 와인스틴Harvey Weinstein에 대한 혐의로 인해 우리는 지나칠 정도로 긴 기간 동안 섬바디를 노바디로 만들게 한 남자의 실체를 벗겨낼 수 있었다. 그는 여성을 권리가 없는 사람, 자신의 몸에 대한 주도권을 행사할 수 없는 사람으로 취급했다. 그는 타인이 아니라 본인의 이익을 위해 행동하려고 하는 사람의 경력을 짓밟겠다고 협박했다. 여성들을 노바디로 만들기 위해 기획된 정교한 책략들이 폭로되었고 그것은 수면 위로 드러난 온갖 협박과 모략, 폭력, 성폭행만큼이나 충격적이었다. 유명 배우들이 포함된 100명이 넘는 여성들이 자신이 당한 일이 밖으로 새 나가지 않도록 조심하며 침묵했다. 이 침묵 유지를 위해 천문학적인 비용이 소요되고 모사드 정보기관 비밀요원을 비롯해 내로라하는 변호사들이 다수 동원되었다.

와인스틴의 정체가 폭로되면서 누구의 말이 들리고 누가 중요한 사람인지에 대한 대대적인 재검토가 이루어졌다. 수많은 업계—테크 업계와 영화 업계뿐만 아니라 농업계, 식음료 업계, 호텔 업계—에서 관습처럼 횡행하던 성추행의 실상이 만천하에 드러났다. 물론 오래전부터 언어 학대, 인격 모독, 물리적 폭력은 공식적으로는 금지된 일이었지만 언제나 암암리에 이루어져 일반 사람들의 귀에 들어가지 않았고 책임자가 인지하고 있는지 여부도 몰랐다. 관리자들이 내부의 실상을 알고 있었다 해도 그 사실이 외부에 노출되기 전까지는 대체로 감추기에만 급급했다. 그러다 누구의 말을 들어야 하는지가 달라졌고, 그것은 곧 누가 더 중요한 사람인지가 변화했음을 나타낸다.

실은 수십년 동안 많은 사람들이 노바디들이 알고 있다는 걸 몰랐을 리가 없다. 다만 따로따로 떨어져 있던 점들이 연결되어 하나의 그림이 완성되면서 힘 있는 자들이 더이상 눈을 돌릴 수가 없게 되었다. 높은 사람들의 의도적인 무지는 물이 넘치지 못하게 막고 있는 댐이었다. 여성의 지위가 전진과 후퇴를 반복하면서 섬바디와 노바디 사이를 오갈 때 댐이 조금씩 허물어지고 정보가 급류처럼 쏟아졌다. 그동안 침묵했던 이들의 말이 여기저기서 들리기 시작했다.

여성에게는 존재감도 목소리도 없다고 철석같이 믿어왔던 남성은 누군가 여성의 이야기를 들을 수도 있다는 사실을 발견하면 분개한다. 이제까지 늘 해왔던 대로 서사를 자신이 가져가야 하는데 그러지 못해서다. 2011년 IMF의 총재였던 도미니크 스트로스칸Dominique Strauss-Kahn이 뉴욕의 호텔 청소 직원이었던 나피사투 디알로Nafissatou Diallo를 성폭행했다는 '의혹'이 제기되었다 —내가 여기서 의혹이라는 단어를 사용한 이유는 이후 담당 검사가 정재계 거물 관련 사건 앞에서 흔히 그렇듯이 공소를 취소했기 때문이다. 프랑스 철학자이자 스트로스칸의 친구라고 하는 베르나르앙리 레비Bernard-Henri Lévy는 신문 사설에서 친구를 열렬히 옹호했다. "내가 아는 스트로스칸이 아니다. 지난 20년간 나의 친구였고 앞으로도 영원히 나의 친구일 그는 이 괴물과 전혀 유사점이 없다."

레비가 자신의 말이 옳다고 주장한 근거는 그의 친구에게는 단 하나의 얼굴만 있다는 믿음이다. 그에게 힘 있는 남자들에게 보여주는 얼굴이 있고 그렇지 않은 얼굴이 있다는 사실을 고려하지 않은 것이다. 아마도 노바디들의 삶에 대한 장기간의 무관심에서 비롯된 의도적인 아둔함일 수도 있다. 혹은 진실 또한 여성처럼 잘만 구슬리면 내가 원하는 대로 움직이게 할 수 있다고 주장하고 있는지도 모른다. 그러나 얼마 가지 않아 스트로스칸에게 성폭행을 당했다는 여성들이 프랑스 본국에서도 속속 나타났고 스트로스칸은 황급히 디알로와의 민사소송에서 합의를 했다. 여성들이 그의 다른 얼굴을 폭로하기 전까지만 해도 그는 유력한 프랑스 대통령 후보였다. 잠깐이지만 아프리카 난민 출신 청소부 여성이 거물 정치가 백인 남성과 동등한 위치로 올라갔다. 물론 영원히 그러지는 못했다.

이 사건으로 스트로스칸이 저지른 성폭력 범죄가 이 업계에서 얼마나 흔하게 자행되었는지 주목받을 수 있었다. 수년 동안의 호텔 노동자들의 끈질긴 요구 끝에 드디어 2018년 미국 내 호텔 체인들이 청소 노동자들을 위한 비상벨인 "패닉

버튼"을 도입했다. 이 말은 고급 호텔에 투숙할 여력이 있는 남성들은 호텔 여성 청소부들이 큰 소리로 말할 여력이 없다고 믿었다는 뜻이며 지금까지는 그들이 대체로 옳았다는 뜻이기도 하다. 2018년 가을 미국 여러 지점의 메리어트 호텔에서 서비스직 노동자들의 대규모 파업이 진행되었고 이들이 이끌어낸 노동조건 개선 협상 중에 이 패닉 버튼도 있었다. 온라인 매체 「복스」Vox는 이렇게 보도했다. "이 회사는 창립 이후 최초로 유구한 역사를 가진 투숙객의 객실 노동자 성추행을 금지했다."

20년 전 나는 내가 백스테이지에서 서서히 나오고 있음을 알았다. 마치 다른 나라에 이민을 가거나 오래 머물던 집에서 나와 이사를 간 느낌이기도 했다. 그 위치 변화와 함께 나의 충성심도 바뀌고 내가 오랫동안 거주했던 장소를 잊게 되기도 했다. 작가로서 내가 하는 일은 약자들의 말을 듣고 그들의 이야기를 다른 이들에게 들려주는 일이다. 그 말은 곧 나에게는 힘이 있다는 뜻이고 그 힘 중에는 힘의 불균형을 중재하는 역할도 포함되어 있었다. 힘의 불균형은 더 많은 말을 할 수 있는 사람과 그렇지 않은 사람의 차이로 나타나기도 한다. 그러다보니 가해자들은 나에게 자신의 비밀을 숨겼고 약자들은 나를 언제나 같은 편으로 여기지는 않게 되었다.

나는 꽤 오랜 시간을 젊은 여성들이 편하게 비밀을 털어놓는 사람으로 살았다. 그러다 어느날 나를 보니 나는 강자들과 속는 사람들 그룹으로 쫓겨난 것만 같았다. 몇년 전 사람들과 며칠 내내 함께 지낼 일이 있었다. 마지막 날 한 젊은 여성이 우리와 같이 활동하던 지위 높은 중년 남성에 대해 입을 열었다. 그가 이 기간 동안 그녀를 협박하고 희롱했었다고 했다. 그 남성은 자신의 행동을 이 모임 안에서 섬바디로 여겨지는 사람에게는, 그러니까 현재의 나 같은 사람에게는 숨겼다. 그의 피해자가 된 여성을 대신해서 화가 났고 그만큼은 아니었지만 이 남자의 아내 입장이 되어서도 화가 났다. 그러나 내가 그동안 속아왔다는 사실에 속상하기도 했다.

　의도치 않게 거짓말의 공범자가 되어버린 것만 같았다. 우리 모임의 몇몇 여성들은 이미 심상치 않은 일이 일어나고 있음을 알았지만 그 이야기가 밖으로 새 나가지 않게 쉬쉬했다. 나는 그때까지 내가 그들 안에 속한다고 믿었다. 마치 법대생과 연방법원 직원들이 코진스키에 대한 정보를 공유하고 서로 경고해주는 것처럼 우리는 그동안 우리끼리 모여 어떤 남자를 피해야 한다고 말하고 또 그런 비슷한 행위가 연출되면 눈을 굴렸었다. 그러나 지금 나는 어느새 바깥으로 나와 있었다.

　우리는 정신적 공감과 연대를 미덕으로 이야기하지만 공

감과 연대란 다른 사람에게 적극적으로 관심을 기울이는 행동이기도 하다. 그 적극적 경청과 관심으로 우리가 경험하지 못한 인생과 세상을 이해한다. 내가 당신에게 관심을 기울이는 이유는 당신이 중요하기 때문이고 당신이 나를 무시한다면 내가 중요하지 않기 때문이다. 권력과 공감도의 상관관계를 연구해온 대커 켈트너Dacher Keltner 심리학 교수는 이렇게 썼다. "사람들은 보통 자신의 기질과 행동으로 타인의 이익을 증진시키면서 힘을 얻는다. 즉 그들은 처음에는 공감을 잘하고 협동하고 개방적이고 공정하며 나눔의 정신을 보여준다. 그러다가 권력의 맛을 느끼거나 특권의 위치를 즐기게 되면 이 기질들은 점차 사라지기 시작한다. 힘을 가진 사람들은 그렇지 않은 사람들보다 무례하고 이기적이고 비윤리적인 행동을 하게 될 확률이 높다."

켈트너의 연구에 따르면 권력자들은 비사교적이거나 "자기중심적인 사회 인지적 성향"을 지닐 가능성이 크고 이것이 "비윤리적인 행동"을 야기할 수 있다고 한다. 2011년 켈트너와 동료 학자들은 상류층 사람들을 분석하면서 "비윤리적인 판단을 내리는 경향"의 증거를 발견했다. 이들은 거짓말하고 속임수를 잘 쓰며 이타적이지 않았고 기부 수준은 낮았다. 다른 연구 논문에 따르면 고급 차의 운전자들은 평범한 자동차 운전자들보다 끼어들기를 더 많이 하고, 또다른 연구에 따르면 힘 있는 자들은 어린아이들에게서 사탕을 빼앗을 확률도 높다고 한다.

가끔은 타인에게 지나친 영향을 받지 않는 것이 양심적이고 정직한 사람이 되는 기본 조건이기도 하다. 인권 탐사 보도 전문 기자 이얼 프레스Eyal Press는 자신의 책에서 집단학살 같은 범죄에서 동일한 국적의 사람들과 떨어져 있었기에 관습을 깰 수 있었던 사람들을 소개한다. 하지만 사람들과 유리된다는 것, 특히 약자들의 삶과 무관하게 사는 삶은 무관심을 낳기도 하고 잔인한 행동을 해놓고서 용서받기도 한다. 여러 연구를 통해 알 수 있는 것은 권력자들이 타인의 영향을 적게 받고 있다는 것, 다시 말해 타인과 세상을 인식하지 못한다는 사실이다. 그들의 두뇌는 다른 이들의 행동을 모방(미러링)하는 데 관여하지 않는다. 미러링이란 다른 사람의 행동을 재생하면서 마음속으로 그들의 행동과 감정으로 들어가는 것이다. 물론 그러지 못할 수도 있다. 공감하는 데 실패할 수도 있다. 이 행동은 인지적이면서 감정적인 과정이기 때문이다. 공감은 본능적일 수 있으나 학습할 수도 있다. 아니면 있었던 것을 내버릴 수도 있다.

불평등은 우리 중 많은 이들을 거짓말쟁이로 만들며, 오직 힘의 민주화만이 정보의 민주화를 이끈다. 하지만 아랫사람들은 이 양면성의 두가지 면을 모두 알고 있다. 힘 있는 자들은 한 버전만 알고 다른 버전을 알기를 거부한다. 그들은 삭제를 적극적으로 실천한다. 윗사람이 모르면 아무 일도 일어나지 않은 것이다.

만약에 힘이 무지와 무관심이라는 쿠션을 두르려고 한다면 힘이 있는 또다른 우리가 그것에 맞서야 한다. 그러려면 우선 사람들을 지위에 상관없이 존중해야 한다. 업신여기고 무시할 조건을 아예 만들지 말아야 한다. 나에게 약간의 힘이 있다면—우리 대부분은 어떤 면에서는 힘이 부족하지만 어떤 맥락에서는 힘이 있다—나의 위치 때문에 다른 사람들은 알고 공유하는 사실로부터 내가 분리되고 있지는 않은지 돌아보아야 한다. 즉 내가 알지 못했던 것도 알아야 한다.

더욱 급진적인 행위는 불평등을 해체하려고 노력하는 것이다. 불평등을 일으키는 힘을 비판하고 그 힘이 가청성과 영향력의 비대칭을 형성했음을 기억해야 한다. 성찰하지 않는 삶은 살 가치가 없다는 유명한 격언이 있다. 그러나 가장 고결하고 지적인 삶을 사는 이들은 자기 삶뿐만 아니라 다른 사람들의 삶까지 성찰하는 태도를 보인다. 다른 사람을 알지 못하면 우리 자신도 알지 못한다.

그렇게 된다면, 우리가 진정 다른 이들을 알 수 있다면 이 세상에 노바디란 없다는 사실을 알게 될 것이다.

진실마저 바꿔버리는 사람들

권력자들의 거짓말과 거짓말의 힘

명사 독재자dictator와 어근이 같은 단어는 지시하다, 명령하다, 좌우하다라는 뜻의 동사 'dictate'다. 우리 중에는 자신의 영향력과 권위가 너무나 대단하기 때문에 이미 일어난 사건까지 자기가 원하는 대로 움직일 수 있다고 믿는 사람들이 있다. 본인의 주장이 목격자보다 중요하다. 동영상, 증거, 과거 기록을 아무리 가져와도 소용없다. 그들의 주장은 중대한 단 하나의 목소리이고 너무나 중요하기 때문에 사실을 깔아뭉갠 뒤 그 위에 서 있을 수 있다고 생각한다. 거짓말은 곧 공격이라 할 수 있다. 거짓말로 사실과 사실을 알고 있는 사람들을 짓밟으려 하고 그러면서 독재의 틀이 완성되기도 한다. 가정 안에는 작은 독재가 있고 국가에는 큰 독재가 있다.

'흑인의 생명은 소중하다' 운동은 일부 경찰들의 행위에 주목했다. 사건의 동영상이 엄연히 존재하고 영상의 내용이 경찰의 주장과 어긋날 때도, 물적 증거와 목격자 진술이 다른 이야기를 하고 있는데도 자신들의 설명과 해석이 옳다고 끝까지 주장하는 경찰들이 있었다. 그들은 현실을 움직일 수 있다고 믿는데, 실제로 몇십년간 그렇게 해왔기 때문이다. 또한 그렇지 않은 새로운 현실에 적응하는 데 어려움을 겪고 있기 때문이기도 하다. 형제 코미디언 그룹 마르크스 브라더스Marx Brothers는 이런 농담을 하기도 했다. "너 누굴 믿을 거야? 나를 믿을 거야 아니면 네 두 눈을 믿을 거야?" 경찰은 믿을 건 우리의 두 눈도, 증거도 아니라고 말하는 듯하다.

2015년 샌프란시스코 경찰 두명은 20세 남성 아밀카 페레즈로페즈Amilcar Perez-Lopez를 총살했다. 총은 피해자의 등 뒤에서 발포되었으나—네발의 총알이 등을 관통했다—경찰은 이 과테말라의 초티 마야 출신 이민자가 경찰에게 달려들었고 총을 쏜 건 정당방위였다고 주장했다. 그들은 자신들의 나쁜 판단, 거짓말, 낯선 땅에서 살아보려고 했던 젊은 남성의 생명을 앗아간 행위에 대한 대가를 치르지 않았다. 두달 후 사우스캐롤라이나주 노스찰스턴에서 흑인 남성 월터 스콧Walter Scott도 도주하던 중 경찰이 등 뒤에서 쏜 총을 맞았다. 그 또한 등에 박힌 총알로 인해 사망했지만 가해자는 정당방위를 주장했다. 그의 설명은 제보자의 동영상이나 목격자 증언과는 극과 극처럼 달랐다(동영상 증거에서 경찰은 피해자가 넘어진 다음에 무기를 꺼내 쏘았다). 스콧을 살해한 경찰은 20년 징역형을 받았다.

미투 운동 시대에 속속 드러나고 있는 많은 성폭력 사건의 뒤에도 이런 가정이 있다. '피해자가 목소리를 내지 못할 것이다. 요령 있게 빠져나가기만 하면 아무도 모를 것이다. 피해자가 협박이나 수치심 때문에 침묵할 것이다. 피해자가 입을 연다 해도 신뢰받지 못할 가능성이 크고 위협을 받으면 다시 입을 다물 것이다. 혹은 끝까지 입을 다물지 않는다고 해도 관련된 다른 사람의 지위와 명예가 그들보다 높으므로 아무도 피해자의 말을 믿어주지 않을 것이다.' 이야기를 단 하나의 중요한 버전으로 만들기 위해 야만적인 수단을 쓰기도 한다. 뉴욕주 전 검찰총장 에릭 슈나이더먼Eric Schneiderman의 네 명의 피해자에 대해 제인 메이어Jane Mayer와 로넌 패로우Ronan Farrow는 이렇게 보고했다. "모두가 보복이 두려워서 감히 말을 꺼내지 못하고 있었다."

우리 대부분은 진실이란 우리의 의지나 감정과는 독립적으로 존재하는 사실에서 나온다고 생각한다. 진실이라는 문제에 있어 우리에겐 선택권이 없지만 우리는 또한 일종의 객관적인 현실을 믿는다. 어떤 일이 일어났거나 일어나지 않았다. 어떤 문장을 말했거나 말하지 않았다. 그 물질은 독극물이거나 독극물이 아니다. (나는 옛날 옛적 포스트모던 이론에 대해 정말 많이 읽었고 이에 대한 모든 반론을 알고 있지만 지금은 그 이야기를 하려는 건 아니다.) 현재 명백해진 것은 대부분이 곧 전부는 아니라는 것, 우리 중 일부 소수는 사실과 분리된 자기 버전의 현실을 강요할 수 있다고 생각한다는 것, 그리고 그들은 언제나 그래왔다는 것이다. 진실을 강요할 수 있다는 생각이 그 사람들 주변의 모든 것을 부패시키며, 부패는 그들 내부에서 시작되기도 한다.

하급자들은 주로 책임을 피하고 싶어서 거짓말을 하고 보통은 구체적인 사항에 대해서만 거짓말을 하는 경향이 있다(나는 케이크를 먹지 않았습니다. 오늘 지각하지 않았습니다). 혹은 생존을 위해 거짓말을 하기도 한다(나는 불법 이민자가 아닙니다). 반면 탄압자들은 다른 사람의 반응까지 강요하려고 한다. 폭력적인 아버지는 가족 모두에게 우리 집안에는 아무 문제가 없다고 생각하라 명령하고 가장인 자신을 무조건 존중해야 하며 지난밤에는 아무 일도 없었다고 말한다. 가스라이팅은 집단적인 문화 현상이기도 해서 희생자 개인에게 미칠 것 같은 기분이 들게 하고 문화 또한 미쳐 돌아가게 한다. 총기 난사 사건과 전염병처럼 퍼지는 총기 사망 사건은 총기류를 쉽게 구할 수 있는 현실이 직접적인 이유지만 그와는 아무 상관 없는 척해야 한다. 그 말을 하는 사람만 이상한 사람이 된다.

최근 다른 사람들도 자기 입장이 있고 그들의 말이 들리기도 하고 신뢰받기도 한다는 사실이 밝혀졌을 때 권력자들은 분개했다. 오하이오주 공화당 하원의원인 짐 조던Jim Jordan은 오하이오 주립대학에서 레슬링 조감독으로 일하던 시절 아홉명의 레슬링 선수들이 의사에게 성추행을 당했다는 사실을 알면서도 묵인했음이 밝혀지자 광분했다. 2019년 초 캘리포니아주 공화당 하원의원인 데빈 누네스Devin Nunes는 그를 패러디한 트위터 계정 두개('데빈 누네스의 소'와 '데빈 누네스의 엄마')를 두고 250만 달러의 소송을 걸었다. 공화당 정보 분석가 리즈 마이어Liz Mair는 자신에 관한 기사를 쓴 신문에 150만 달러짜리 소송을 걸었다. 폭스 뉴스의 전 공동 대표 빌 샤인Bill Shine(잠깐 동안 백악관 공보국장을 역임하기도 했다)의 아내인 달라 샤인Darla Shine의 지지자들은 사람들이 그녀의 말을 재유통해 명예를 훼손했다고 주장했다(『워싱턴 포스트』에 따르면 그녀가 한 말의 내용은 다음과 같다. "그녀는 왜 백인들이 'n 워드'•를 사용했을 때는 인종주의자 낙인이 찍히고 흑인들이 그 단어를 사용했을 때는 아닌지 의문이라 말했고, 남부연합기를 옹호했고, 백인 대상 흑인 범죄의 예를 강조했다").

• 흑인을 비하하는 말인 니그로(negro), 니거(nigger) 등을 완곡하게 표현한 말이다. 인종주의적 역사가 깊은 단어이기에 갱스터 랩이나 흑인들의 대화 속에서 쓰이는 것은 괜찮지만 흑인이 아닌 인종은 절대 사용해서는 안 되는 금기어로 여겨진다. ─옮긴이

페미니즘에는 다른 많은 인권 운동과 마찬가지로 자신의 목소리를 갖기까지, 또 연대하기까지 목소리가 점차 확대되는 과정이 있었다. 작은 목소리들이 점진적으로 커지면서 독재자들과 대항할 수 있을 정도로 자라났다. 아마 이것을 「호튼」Horton Hears a Who*의 가청도 이론이라고도 부를 수 있을 것이다. 최근에도 많은 실례가 있었다. 빌 코즈비Bill Cosby부터 폭스 뉴스 CEO인 로저 에일스, 하비 와인스틴과 브렛 캐버노와 관련된 이야기들이 있었고 많은 여성이 앞으로 나서서 다른 여성들의 발언을 지지했고 침묵을 깨려는 여성들을 응원했다.

2014년 가수 케샤Kesha는 프로듀서이며 닥터 루크라고 알려진 루크 고트월드Luke Gottwald의 성폭행과 학대를 폭로하고, 자신의 음악 저작권을 행사할 수 없게 한 음반사와의 일명 노예 계약을 해지해달라는 소송을 제기했다. (1년 전에 팬들은 '케샤에게 자유를' 청원을 시작했다.) 고트월드와 음반사는 케샤가 겨우 십대 중반에 했던 계약 해지를 거부했고, 소송은 그야말로 전국적인 주목을 받았다. 하지만 결국 케샤가 패소하면서 꼼짝없이 그녀가 두려워하고 증오하는 남자에게 묶여버렸다. 그로부터 4년이 흐른 후에 루크 고트월드는 케샤

* 작은 소리까지 들을 수 있는 코끼리가 주인공인 애니메이션. —옮긴이

를 고소했다. "케샤가 고트월드의 경력을 회복할 수 없을 정도로 망가트렸다"라는 것이 이유였다. 이 말은 그녀가 나서서 말을 했기 때문에 자신이 피해를 보았다는 뜻이며, 수많은 히트곡을 가진 슈퍼스타도 소리를 내지 말고 얌전히 있었어야 한다는 암시이기도 하다. 하지만 케샤가 진실을 말하고 있다고 가정한다면(나는 그녀의 말이 신빙성 있다고 생각한다) 닥터 루크와 그의 지지자들은 그가 한 짓 때문에, 그것을 비밀로 하지 않았다는 것 때문에 그녀를 비난하고 있다고 할 수 있다. 그들은 루크가 처벌받지 않을 권리가 있다고 가정한다. 자신이 사고를 저질렀지만 그와 관련된 현실을 좌우할 수 있다고 생각하는 권리이자, 그 일에 직접 관련된 사람의 관점이라 해도 자기와 반대되는 이야기를 하고 있다면 인정하지 않을 권리다.

한편 2013년 기념행사 중에 테일러 스위프트$^{Taylor\ Swift}$의 엉덩이를 움켜잡은 라디오 진행자는 테일러 스위프트가 그 일을 참지 않고 말했다는 이유로 그녀를 고소했다. 그녀가 성추행에 대해 감히 말을 꺼냈기 때문에 자신이 해고를 당했다며 분개한 것이다. 그때부터 여자들에게 말 걸기가 두렵다고 불평하기도 했다(아마도 그는 여성에게 말을 거는 것과 여성의 엉덩이를 움켜잡는 것을 구분하는 데 큰 어려움을 겪고 있는 듯하다. "무서워서 여자들에게 말도 못 걸겠다"라고 하는 많은 남자들이 자주 겪는 정신적 혼란이다). 그는 그녀에게 말하고 싶다고 한다. "네가 그러고도 잘 살 수 있을 것 같아? 너는 내 인생을 망쳤어." 이 말이 나에게는 이렇게 들린다. '이 시대 팝 음악계에서 최고의 인기를 누리는 여성 팝스타가 목소리를 가졌다는 사실을 알고 나니 적잖이 충격받았다. 여자의 말을 사람들이 믿었다니 놀랍다.' 테일러 스위프트가 펼친 또 하나의 훌륭한 공연이었다고도 할 수 있는 성추행 재판 동안 그녀는 상대편 변호사에게 자신을 향한 비난과 오래 이어져온 관습에 반대한다고 강조하며 피해자가 가해자를 보호할 책임이 전혀 없다고 주장했다. "나는 당신이나 당신의 의뢰인이 나의 탓도 있다고 느끼게 하지 않을 겁니다. 그 사건 이후로 몇년이 흘렀는데도 내 잘못이 아닌 그의 판단의 결과가 낳은 불행한 사건들로 인해 내가 도리어 비난을 받고 있습니다." 테일러가 비판하는 것은 자신이 무슨 짓을 했건 간에 여성은 남성의 위신을 지켜주어야 한다는 가정이다. 일신의 편안함을 방해하는 진실은 허락되지 않는다.

어쩌면 우리는 힘보다 **힘들**에 대해 논해야 할지도 모른다. 우리 스스로 만들어내는 힘이 있고 사람들이 우리에게 주거나 우리에게 감춘 힘도 있다. 신뢰받을 수 있는 힘은 이 세상 모든 것들과 마찬가지로 불공평하게 분배된다. 경찰은 자신들이 총을 겨눈 상대보다 더 많은 힘을 가졌다고 생각한다.

남성은 여성보다, 백인은 비백인보다 더 많은 힘을 가졌다고 상정한다. 우리는 누가 이 소중한 자산을 가졌는지를 다시 정하는 시대에 와 있다. 신뢰성은 생득적 권리가 절대 아니다. 그것은 사람들이 어떻게 반응하느냐에 달려 있다. 이전에 침묵을 강요당했던 사람들은 신뢰성을 만들 기회조차 얻지 못한다.

현실을 농락할 수 있는 특권의 결정판이라 할 수 있는 대통령은 탐욕스럽고 부산스럽게 진실을 호도하려고 한다. 그는 이렇게 말하는 것만 같다. "무엇이 사실인지는 내가 정할 테니 너희는 넙죽 받아들여라. 죄다 헛소리인 걸 알아도 내가 말하면 그런 줄 알아라." 당신이 스타면 사람들은 어떤 일이든 하게 해준다는 말이 있다. 스타덤의 크기는 어떻게 결정될까. 그들의 지성과 출신과 윤리에 반대되는 일들을 사람들에게 얼마나 강제로 받아들이게 하는지 ─ 혹은 받아들이는 척하게 하는지 ─ 에 따라 정해진다고 할 수 있을 것이다. 이런 일을 한 거짓말쟁이가 해냈다. 2017년 1월 21일 중앙정보국CIA 본부에서 그는 수백명의 CIA 직원들에게 ─ 참고로 이들의 직업은 정보를 수집하고 입증하는 일로 기본적으로 회의론자들이라 할 수 있다 ─ 자신의 취임식 규모와 선거 이전의 분위기에 대해 쉽게 반증될 거짓말을 했다. 아마 그곳에 모인 어느 누구도 그의 말을 믿었을 것 같지는 않지만 권력자들의 특징은 겉으로 보이는 모습에 만족하며 상호적 거짓말에 참여하도록 다른 사람들을 설득만 하면 충분하다고 여기는 태도일지도 모른다.

그날 새로 취임한 대통령은 CIA에 말했다. "내가 취임 후 첫 행선지로 이곳을 가장 먼저 들른 이유는 알다시피 언론과 전쟁을 하고 있어서입니다. 기자들은 지구상에서 가장 부정직한 인간들 아닙니까? 언론은 마치 내가 CIA와 불화를 겪고 있는 것처럼 만들었습니다." 실제로 그는 CIA와 불화했다. 몇주 전만 해도 CIA를 나치 독일에 비교했으니 말이다. 그러나 뒤에서 공격한 후에 앞에서는 열심히 아부하고 있었다. 물론 그는 영국 총리인 테리사 메이Theresa May에게 여러차례 이렇게 행동했다(이전에 했던 발언은 없었던 척했다. 다음은 『워싱턴 포스트』의 기사 머리말이다. "트럼프는 자신이 한 말이 담긴 테이프를 모든 사람이 들었지만 가볍게 아니라고 부정했다"). 어떤 이들은 상상력을 발휘해 그가 어린 시절 이후로 자기 말에 책임을 지지 않기 때문에 이런 성격이 형성되었다고 해석하기도 한다. 평생을 이렇게 보내다보니 실제로 자신이 현실을 조종할 수 있다고 확신하게 되었을 수도 있다는 것이다. 혹은 현실이 존재하지 않거나 그의 기분이나 변덕에 따라 존재 여부가 바뀔 수도 있다. 어떻게 보면 그는 철저한 염세주의자이며 자기중심주의자이다(내 친구는 이 사람을 자기 눈만 감으면 아무도 자기를 못 본다고 생각하는 어린 아이에 비유했다).

그의 거짓말은 그저 우리 주의를 다른 곳으로 돌리거나 짜증나는 사건 정도로 여겨지지만 사실은 그 자체로 매우 위험함을 알아야 한다. 트럼프 본인이 거짓말을 생산하고 강요하는 시스템의 상품이다. 2018년 여름, 그 충격적인 블라디미르 푸틴Vladimir Putin과의 헬싱키 정상회담에서 트럼프는 우리가 미 정보기관, 전세계 언론, 미국의 상원의원과 하원의원이 아니라 푸틴의 말을 전적으로 믿어야 한다고 주장했다. 여기서 우리가 기억해야 할 점은 진실에 대한 공격은 명백히 공격이라는 것이다.

트럼프 지지자들은 수십년 동안 음모론을 확산하고 중대한 현실은 부정하는 「폭스 뉴스」와 극우 정치 평론가들의 말로 정신 무장을 하고 있다. 미국 경제에서 이민자들이 해낸 역할의 중요성과 인류가 초래한 기후변화 같은 시급한 문제에 관해 「폭스 뉴스」가 전하는 왜곡된 주장을 진리처럼 믿고 있다. 이 국가는 지금 일종의 내전을 겪고 있다고 할 수 있으며 현 위기의 부분적 이유는 기록된 역사로서의 진실과 사실이 위협받고 있어서다. 과학적 사실, 정치적 신빙성, 법의 수호도 위기에 처해 있고 사실이 사실로 결정되는 방식에 문제가 있으며 사실이 중요하다는 점에 관한 생각도 다르다.

「문학 예방」*The Prevention of Literature*에서 조지 오웰George Orwell 은 말한다.

> 독재국가는 실제로 신권정치이며 지배계급은 자신의 지위를 지키기 위해서 오류가 없는 인간으로 간주되어야 한다. 그러나 실제로 어느 누구도 실수하지 않을 순 없기에 과거의 실수가 일어나지 않았다거나 이런저런 상상 속의 승리만 있었다는 점을 보여주기 위해서 종종 과거의 사건들을 재배치한다. (…) 독재국가는 사실 지속적으로 과거를 변명해야만 한다. 결국에는 객관적인 사실까지 불신하라고 강요하게 된다.

인터넷 또한 정보와 관련해 상대주의적 관점을 고수하는 모습을 보인다. 페이스북은 장기간 여론을 무시하면서 거센 질타를 받았다. 이 사이트는 가짜 뉴스를 생산, 배포하는 콘텐츠를 자사에 유지했고 그중에 대표적으로 '인포워스'Infowars 가 있었다. 각종 음모론과 풍문을 퍼트려 큰 논란을 빚은 인포워스는 샌디훅 초등학교 총기 사건이 미국 정부가 기획한 사기극이라고 하거나 파클랜드 고등학교 총기 사건의 십대 생존자들을 "위기 전문 배우들"이라 부르기도 했다. 인포워스를 왜 플랫폼에 유지하는지 묻자 페이스북 뉴스 피드 담당

자인 존 헤게먼John Hegeman은 이렇게 답했다. "페이스북은 다른 목소리를 가진 사람들이 존재할 수 있는 플랫폼이길 원하며 각개 언론사들은 다른 관점을 갖고 있다." 그 목소리 중 하나가 중상과 비방에 앞장서고 파괴적인 거짓 선동을 일삼아도 퇴출해서는 안 된다고 말하는 것이다(샌디훅 초등학교 희생자의 부모 여섯명은 인포워스를 고발했는데 이들은 인포워스 직원들에게 총기 사고는 "당신의 총을 빼앗으려는 사기"라고 믿어야 한다는 협박까지 당했다). 인터넷 기업들이 책임감이 따르는 정보 회사가 되기보다는 중립적 플랫폼이 되겠다고 강조하면서 이런 결과들이 나왔다. 수익이 되기만 한다면 어떤 상품이든지 팔겠다는 욕망의 결과다.

페이스북은 2018년 8월에야 인포워스를 퇴출했고 2019년 2월 인포워스의 설립자인 알렉스 존스Alex Jones와 연결된 22개 이상의 페이스북 계정이 삭제되었다. 하지만 그 직후에도 CEO 마크 저커버그Mark Zuckerberg는 실리콘 밸리 전문 기자 카라 스위셔Kara Swisher에게 이렇게 말했다. "하지만 결국에는 우리의 플랫폼이 그 발행인을 퇴출하지는 않았어야 한다고 믿습니다. 모두가 틀릴 수 있기 때문입니다. 그들이 고의로 가짜 뉴스를 퍼트렸다고는 생각하지 않아요. 다른 사람의 의중을 파악한다는 것은 참 어려운 일이지 않습니까. 그렇게 다른 관점 또한 그대로 보여주는 것도 중요하다고 생각합니다.

현실적으로 나 또한 대중 앞에서 옳지 못한 발언을 할 수 있잖아요." 이 말은 자유의지론자들의 "모든 사람은 자신만의 사실을 가질 권리가 있다"라는 태도로 읽힐 수밖에 없는데, 소셜미디어에서 음모론과 살해 협박은 다른 표현의 자유와는 달리 직접적으로 유해한 결과를 가져올 수 있다는 사실을 무시하는 관점이다. 나는 여기서 그저 이 속담을 인용하고 싶을 뿐이다. "산 정상에서 보면 세상은 평평해 보인다."

사피야 우모자 노블Safiya Umoja Noble의 책 『구글은 어떻게 여성을 차별하는가』Algorithms of Oppression에서는 찰스턴 교회 총기 살인자인 딜런 루프Dylann Roof를 인종주의자로 이끈 계기는 구글이었다고 지적한다. 노블의 책에 나온 『퍼시픽 스탠더드』Pacific Standard의 제임스 맥윌리엄스James McWilliams 기자의 취재에 따르면 딜런 루프가 구글에서 "백인 대상 흑인 범죄"black on white crime를 검색하자 바로 가짜 뉴스를 공포하는 극우 백인 우월주의 조직인 보수시민위원회 사이트로 연결되었다고 한다. 구글은 유튜브의 소유주이기도 하다. 『월스트리트 저널』Wall Street Journal은 2018년 2월에 유튜브가 이용자들에게 "논란이 되거나 오해가 있거나 잘못된 정보를 제공하는" 영상을 추천한다고 보고했다. 기술사회학자 제이넵 투펙치Zeynep Tufekci는 "유튜브의 알고리즘은 처음 보기 시작한 내용보다 훨씬 더 자극적이고 극단적인 콘텐츠를 잇달아 제공하고 대체로 선동적인 콘텐츠에 끌리게 한다"라고 지적했다. 유튜브는 이용자들이 원하거나 원한다고 생각하는 것을 준다. 그들에게 혹은 우리에게 혹은 공개적인 기록으로서 바람직한지 아닌지는 상관없다. 다시 말해 현재 지구상에서 가장 강력하고 영향력이 큰 대기업이 수익으로 연결되기만 하면 거짓말인지 아닌지는 상관없다는 결론을 내린 것이다.

한나 아렌트Hannah Arendt는 다음과 같은 유명한 말을 남겼다. "독재정권이 원하는 이상적인 국민은 확신 있는 나치나 확신 있는 공산주의자가 아니라 사실과 소설(즉 현실의 경험)의 차이, 진실과 거짓(즉 사고의 기준)의 차이를 구분하지 못하는 사람들이다." 구분한다는 것, 더욱 명확하게 보려고 노력하는 것 자체가 저항이 된다. 올바르고 공정한 뉴스 기사들을 지지하고 읽는 것도 저항에 해당한다(재정이 인터넷에 의해 좌우되지 않는 신문사가 포함된다). 언론이 보도하는 뉴스와 함께 그 사건의 역사적 배경과 현재의 위기에 대한 정보들을 책에서도 찾아보는 행위 역시 저항이다(대학에서 인문학 교육의 가치가 위험에 처하고 있다는 사실에 주목하는 것은 중요하다. 인문학의 가치 중 하나는 사람들에게 올바른 역사 감각을 키워주고 자료를 거를 수 있는 체를 갖도록 만드는 것이다). 구분할 줄 안다는 것은 팩트 체크 능력을 유지하고, 정보를 거르고 평가하는 능력을 갖추고, 정신의 독립성도 지켜야 한다는 뜻이다. 확고함과 견고함은 저항의 열쇠이며 내가 누구이고 내가 무엇을 믿는지를 명확히 판단할 수 있게 한다. 원칙은 전염성이 있어서, 우리에게 현재 직접적이고 극적인 행동이 필요하다 해도 무수히 많은 사람들이 원칙을 고수하고 사실에 근거해서 사는 것 또한 결정적인 힘으로 작용할 수 있다. 따라서 당신과 당신 주변의 사람들은 진실에 대한 기준뿐 아니라 정확성에 대한 기준 역시 높게 유지해야만 한다.

평등은 거짓말에 대항하는 무기이기도 하다. 명령할 수 있는 특권이 결국 독재로 향한다면, 자기의 말에 책임지려는 의무는 그 반대 방향으로 간다. 일상의 사소한 부분까지 신뢰도를 높이기 위해 노력하는 일─경찰 감시 단체를 만들고 성폭행 피해자나 인종차별 피해자를 지지하고 사적인 대화 속에서도 수시로 팩트 체크를 하고 정확성을 확인하는 습관─은 우리가 할 수 있는 최대의 저항이다. 우리가 현재 해야 할 임무는 사실 확인 작업을 국가적으로 그리고 국제적으로 하는 것이다. 이 힘은 결코 거짓말 때문에 전복될 수 없다.

무의식적 편견이 대선에 출마하다

무의식적 편견이 또다시 대선에 출사표를 던졌다. 무의식적인 편견은 언제나 대선 경쟁의 선두에 서 있었고 무의식적 편견의 어린 시절 친구이자 참모라 할 수 있는 구조적 차별은 그 옆에서 믿음직한 조력자 역할을 했다. 이 무의식적 편견과 구조적 차별의 역할 덕분인지 미국 역사의 모든 대통령은 남성이었고 단 한명만 빼고 백인이었는데 사실 최근까지만 해도 백인 남성이 대통령이어야 한다는 관점이 너무나 확고해 논란이 되지도 못했다. 그러면서 "대통령감"에 대한 이야기는 언제나 동어반복을 하다 교착 상태에 도달하는 우로보로스⬧의 모양새가 되어버렸다. 공화당은 자신의 정체가 의식적인 편견이 단체 생활을 하는 남자 기숙사임을 기꺼이 받아들

⬧ '꼬리를 삼키는 자'라는 뜻으로 커다란 뱀 또는 용이 자신의 꼬리를 물고 있는 모양의 상징이다. —옮긴이

였고 필름이 끊길 때까지 불만과 원망이라는 술을 마시다가 의식을 잃더니 무의식적인 편견이 되어버리고 말았다. 하지만 공화당의 무의식적 편견은 민주당은 물론 편견을 되도록 멀리해야 할 민주당 지지자들에게도 영향을 미친다는 점에서 간과할 수만은 없다.

2020년 대선의 가장 이상하고 꼴불견인 점은 민주당 지지 유권자 중에 백인 남성은 소수에 불과함에도 그들이 자본과 언론을 장악하며 경선 과정이나 정책에 다른 누구보다 막강한 영향력을 행사한다는 것이다. 여기서 우리의 선거제도가 "국민 1인당 한표"가 아니라는 점의 문제가 여실히 드러나는데, 우리의 얼토당토않은 선거 방식 때문에 누가 귀중한 한표를 던지게 될지에 다른 부가적인 요소들이 개입된다(다른 말로 투표 억압voter suppression이라고 한다). 2016년 백인 남성은 대략 전체 유권자의 34퍼센트였으나 민주당 후보를 지지한 백인 남성은 그중 31퍼센트에 지나지 않았다. 따라서 나머지인 백인 남성의 3분의 2는 트럼프나 제삼 후보를 지지했다는 뜻이다. 인구가 훨씬 적지만 흑인의 민주당 지지율은 88퍼센트를 차지했다(그리고 흑인 여성의 무려 94퍼센트가 민주당을 지지했는데 모든 유권자 집단 중에서 압도적으로 높은 비율이다). 흑인과 라티노 여성 들을 합치면 민주당을 지지하는 백인 남성 유권자 숫자와 비슷하다. 따라서 완전히 공평한 선거제도였다면 흑인 유권자나 비백인 여성 유권자가 원하는 민주당 후보의 특징이 백인 남성의 의견만큼이나 중요해야 한다.

하지만 힘은 평등하게 분배되지 않으며 너무나 많은 백인 남성들, 즉 정치인, 언론과 방송 실세, 투자자, 내가 소셜미디어에서 마주치는 남성 들은 이제껏 늘 그래왔던 대로 자신의 힘을 자연스럽게 자랑한다. 또한 문제는 그중 절대적인 다수가 무의식적인 편견을 깃발처럼 펄럭이고 있다는 점이다. 2016년에 나는 이런 글을 쓴 적이 있다. "남성들은 마음속 깊이 자신에게 객관성을 독점할 자격이 있다고 믿는 듯하다. 상당히 많은 남성이 내게 다가와 자신들의 주관적인 판단 안에 여성혐오는 전혀 포함되어 있지 않다고 설득한다. 자신들을 움직이는 것은 절대 주관적 사고도 개인적인 감정도 아니라는 것이다. 그리고 다른 의견에는 근거가 없다고 말하는데 그들의 의견은 의견도 아니기 때문이다." 지금은 사람들의 생각이 조금쯤 달라졌을 거라 믿고 싶지만 이런 경향이 또다시 선거 결과에 영향을 미칠까봐 두렵다.

최근 한달 동안 나는 한걸음 떨어져서 남성들, 특히 백인 남성들이 후보자들의 카리스마, 소통 능력, 당선 가능성을 놓고 갑론을박하는 모습을 지켜보았다. 신기하게도 그 남성들은 마치 자기들 의견이 객관적인 사실인 것처럼, 후보자들을 향한 자신들의 특정 의견이 취향이라기보다는 진실이나 사실인 것처럼 말하고 있었다. 마치 백인 남성들이 찬양하는 후보에게 모든 사람이 일어나 박수를 처야 한다는 듯이, 다시 말해서 백인 남성이야말로 중요한 인물이라는 듯이 말이다. 이 사고방식은 백인 남성만 선거권을 행사할 수 있었던 과거 시대의 추한 유물일 뿐이며, 망상과 정상의 경계에 위태롭게 서 있는 비대한 자아를 전시하는 행위라고도 할 수 있다. 정신 이상의 정의 중 하나는 주관적 감정과 객관적 사실을 구별하지 못하는 상태가 아닌가.

『뉴요커』*New Yorker*의 유명 기자였지만 성추문으로 해고당한 라이언 리자Ryan Lizza는 어느날 트위터에 이런 말을 남겼다. "카멀라 해리스Kamala Harris의 선거 자금 모금액을 보면 피터 부티지지Pete Buttigieg의 선거 자금 모금액이 얼마나 대단한지 새삼 놀라게 된다." 그러나 실상 카멀라 해리스의 모금액이 거의 두배였다. 이런 트윗을 쉽게 날릴 수 있는 심리의 기저에는 투자할 돈이 있는 사람이 누구인지에 대한 편견과 백인들이 언제나 전면에 나서고 흑인 여성은 뒤로 물러났던 관습이 자리 잡고 있다. 2016년 대선에서 주목할 만한 사실은 여성혐오를 일삼으며 선거의 향방을 주도하려 했던 일부 정치 평론가들— 맷 라우어Matt Lauer (NBC 「투데이」Today의 진행자), 찰리 로즈Charlie Rose (CBS 「디스 모닝」 진행자), 마크

할퍼린Mark Halperin(전 『타임』*Time* 정치부 기자), 글렌 트러시 Glenn Thrush(『뉴욕 타임스』백악관 출입 기자)——이 하나같이 성추행이나 성폭행 의혹을 받았다는 점이다. 이 남성들의 공공연한 편견은 역겨운 개인적 비행과 같은 궤도 안에 있다. 폭스의 빌 오라일리Bill O'Reilly와 로저 에일스는 일찌감치 정체가 드러났다. 적지 않은 언론사 사장, 영화감독, 프로듀서들 또한 이 시대의 거스를 수 없는 흐름 안에서 연쇄 성폭행범으로 밝혀지기도 했다.

한편, 위엄 있는 척하며 참을 수 없는 사설을 내곤 하는『뉴욕 타임스』는 애니타 힐에게 정식 사과를 하지 않은 조 바이든Joe Biden에 관한 기사에서 참으로 그럴싸한 문장을 발표했다. "전 법사위원회 보좌관들과 그 청문회에 참여한 많은 정치가들이 청문회에 대한 공식적인 언급을 회피할 것이다. 바이든은 트럼프 대통령과 맞서 이길 가능성이 가장 큰 후보이고 과거 행동에 대한 지나친 분석과 평가는 바이든의 캠페인에 방해가 될 수도 있다. 민주당은 트럼프 후보의 여자 문제를 중요한 무기로 써야 한다." 나는 이 문장이 이렇게 읽힌다. "여성에 대한 태도에 문제가 있던 사람을 후보로 내보내자. 그의 사소한 과거는 무시하자. 그래도 이 후보가 여성 문제가 있는 남자를 이기기엔 적합하다. 아니 애초에 여성 대우 문제는 잊어라. 특히 흑인 여성 이슈는 취급도 하지 말자."

막대한 기반을 가진 백인 남성들은 종종 전 FBI 국장 제임스 코미James Comey처럼 헛소리를 일삼는다. 코미는 동창이자 미네소타주 민주당 상원의원인 에이미 클로버샤Amy Klobuchar가 "짜증나게 똑똑하다"라고 불평했는데 아마도 그의 세계관에서 똑똑한 여성은 짜증나는 존재인가보다. 또다른 대담한 남자는 나를 붙잡고 열심히 자기 편견을 설명했다. "실제로 너무 똑 부러지는 여자는 언론에서 사랑받지 못해서 대통령 당선이 어렵죠. 힐러리 클린턴Hillary Clinton을 보세요. 정확하고 똑 부러지고 온갖 정보로 무장했지만 오만하고 잘난 척하는 이미지로만 보이잖아요. 카멀라 해리스에게도 비슷한 느낌을 받아요." 다시 풀어보면, 그가 보기엔 지나치게 잘난 여자들이 있고, 그 잘남이 곧 성격적 단점이 된다고, 그렇게 생각하는 자신한테는 문제가 없다고 말하고 있다. 지성이 남성에게는 자산이 되지만 여성에게는 약점이 된다는 생각은 너무나 화나지만 익숙한 프레임이다.

내 친구 한명이 소셜미디어에 엘리자베스 워런Elizabeth Warren이 왜 훌륭한 대통령 후보자인지 올리자 언제나 그렇듯한 남자가 튀어나와 고견을 쏟아내었다. "고려할 가치도 없어요. 어차피 백악관에 들어갈 리가 없으니까. 그나마 가능성이 큰 버니 샌더스를 밀어봐야죠." 수많은 남자들이 입을 모아서 나에게 워런은 아는 것 많고 어디에나 말 얹기로 유명하기 때문에 승산이 없다는 소리를 했다. 지난 두 민주당 대통령 또한 아는 것 많고 말 많지 않았느냐고 반박하면 이번에는 그들에게는 카리스마가 있지만 워런에게는 없다고 말한다. 나는 중년 여성이고 나 또한 상당히 아는 것도 많고 말도 많은 편이다. 혹은 다르게 표현하자면 잡다한 상식과 어휘력으로 무장한 사람이라고 할 수 있겠다. 그래서 나는 엘리자베스 워런을 응원하고 싶었고 대선 후보 자격의 단골로 등장하는 "공감할 수 있는 상대"라는 고리타분한 단어가 사라지지 않는다는 가정하에 워런 역시 충분히 공감할 수 있는 후보라고 믿었다. 워런이 확신 가득한 어조로 테크 기업의 해체나 대통령 탄핵을 논할 때, 이 세상을 변화시킬 정교하고 효율적인 전략들을 전달할 때 나는 감동하고 지도자에게 원하는 모습이 정확히 저런 모습이라고 느낀다. 나는 카멀라 해리스가 날카로운 질문을 던져 제프 세션스Jeff Sessions(전 법무부 장관)나 브렛 캐버노의 오금을 저리게 만드는 모습을 보며 그녀의 지략과 유능함에 감탄한다. 마치 카리스마라는 단어의 정의를 보는 것만 같다.

하지만 나는 여성이고 이제까지의 적지 않은 경험으로 내가 좋아하는 걸 모든 사람이 좋아하지는 않는다는 사실을 인지하고 있다. 내 친구에 따르면 한 남자는 이런 말도 했다고 한다. "워런의 목소리는 내 고환을 쪼그라들게 만든다." 아마 그에게 당선 가능성은 특정 젠더의 음낭에 설렘과 기쁨을 주느냐와 긴밀히 연결되어 있는가보다. 그 말을 듣자 마가MAGA 모자*를 쓴 카녜이 웨스트Kanye West가 한 말이 떠올랐다. "이 모자는 나에게 어떤 힘을 줍니다. 부모님은 내가 어릴 적에 이혼했고 우리 집에는 남성 에너지가 부족했어요. 이 모자를 쓰면 왠지 슈퍼맨이 된 것만 같습니다." 웨스트는 백인이 아니지만 대통령이나 대통령 후보라면 비아그라와 같은 효과를 주어야 한다는, 쉽게 유통되는 남성적 사고이자 무의식적인 편견을 전시하고 있다. 그의 말은 2016년 선거가 가끔은 발기 선거처럼 느껴졌다는 사실을 상기시켰다.

페미니스트 철학자인 케이트 만Kate Mann의 최근 지적처럼 문제는 우리가 지금 하는 말들이 단순히 현재의 가능성에 대한 평가나 언급이 아니라는 점이다. 말이 가능성을 만들 수도 있다. 그녀는 말한다. "그 후보가 트럼프와 대항하지 못한다고 절대적으로 확신한다면, 그 후보를 지지하지 않는 이유가 될 수도 있다. 하지만 당선 가능성은 고정된 사회적 사실이 아니다. 우리가 만들어가고 있는 사회적 사실이다. 어떤 후보를 당선 가능성 없는 사람으로 만드는 건 부분적으로 미리부

• 트럼프 전 대통령의 대선 구호인 '미국을 다시 위대하게'(Make America Great Again)가 적힌 모자로 이 모자를 쓴 트럼프 지지자들을 통칭해 '마가'(MAGA)라고 부르기도 한다. ─옮긴이

터 그 후보를 포기하는 것이다. 그들에 맞추어 성숙하지 않고 미성숙하게 남아 있고 싶어서다." 한편 언론은 참으로 열성적으로 여성 후보들을 부정적인 언어와 짝지으려 했다. 정치 미디어 「폴리티코」Politico는 트위터에 이렇게 썼다. "엘리자베스 워런이 클린턴 선거의 재방송 꼴을 피할 수 있을까? 캠페인을 시작하기도 전에 비호감 이미지가 씌워지지 않을 수 있을까?" 또한 『자코뱅』Jacobin의 기사 제목은 이러했다. "엘리자베스 워런이 이런 남자들에게도 뒤처지고 있다는 걸 믿을 수 없다." 미리부터 그녀의 패배를 가정하고 있는 것이다.

후보의 당선 가능성은 부분적으로는 언론 노출 빈도수와 관련이 있고 언론 권력은 긍정적인 기사의 횟수로 당선 가능성을 높이기도 한다. 이런 식으로 평가와 인기는 같은 자리를 맴돈다. 온라인 신문사 「파이브서티에이트」FiveThirtyEight의 페리 베이컨 주니어Perry Bacon Jr.는 이렇게 썼다. "미국의 주류는 백인이기에 상당히 많은 미국인이 비백인과 여성에 대해 부정적인 관점을 갖고 있다. 당선 가능성에 대한 지나친 강조는 백인 기독교인 남성이 아닌 후보는 애초에 출마도 못하게 유도할 수 있다. 혹은 그런 후보가 개인적 정체성과 관련된 문제를 무시하거나 경시할 의도가 있어야만 출마할 수 있을 것이다." 그러나 만약 어떤 당의 지지자 다수가 여성이고 유색인일 때도 백인 기독교인 남성과 같은 기준이 적용되어야 할까? 오히려 백인 남성이 그렇게까지 중요하지 않은 상황이 되어야 하는 것이 아닐까?

무의식적 편견이 이번에도 대통령 후보로 출마했다고 한다. 백인 남성 후보가 아닌 후보를 지지하는 유권자들은 상대 후보와도 경쟁해야 하지만 불평등과 편견이라는 무시무시한 경쟁자와도 싸워야 한다. 평평한 운동장이긴커녕 그랜드티턴 산맥만큼이나 험준한 지형이다. 극복이 아예 불가능하다고는 할 수 없어도 더 많은 일을 수행해야 한다. 현재는 동일 노동의 동일 임금의 시대가 아니기에 이성애자 백인 남성이 아닌 모든 후보나 지지자 들은 더 많은 시간 외 근무를 할 수밖에 없고 이들의 노동조건이나 과제 또한 더 고난도일 수밖에 없다.

투표 억압은 집에서부터 시작된다

다큐멘터리 감독이자 풀뿌리 정치 운동가 애너벨 박Annabel Park●이 전한 이야기를 듣고 며칠 곰곰이 생각에 빠졌다. "댈러스에서 민주당 상원의원 후보인 베토 오로크Beto O'Rourke를 위해 집마다 찾아다니며 선거 운동을 하고 있을 때 마주친 한 여성의 얼굴이 잊히지 않는다." 2018년 중간 선거에서는 민주당 후보 베토 오로크가 전통적 공화당 텃밭이자 현역 거물 정치인인 공화당 의원 테드 크루즈Ted Cruz를 상대로 접전을 펼치고 있었고 애너벨 박은 선거 며칠 전에 소셜미디어에 이 글을 올렸다. "그 여성은 점점 확장되고 있는 저소득층 임대 아파트 단지에 살고 있었다. 내가 문을 두드리자 아내가 문을 열었고 바로 뒤에 남편이 서 있었다. 내가 베토 오로크 후보

● 한국 이름 박소연, 한인 2세로 티 파티 운동 대신 커피 파티 운동을 제안하는 등 다양한 정치 운동을 하고 있다. —옮긴이

유세를 시작하자 남편이 큰소리로 내 입을 막았다. '우린 관심 없소.' 아내는 나를 보더니 소리 없이 입 모양으로만 말했다. '저는 베토 지지해요.' 내가 대답하기도 전에 아내는 문을 닫았다."

이후 애너벨을 만났을 때 그녀는 내게 이런 말을 하기도 했다. "계속 그 상황과 여자분 얼굴이 떠오릅니다. 혹시 남편에게 가정 폭력을 당한 건 아니었을지 걱정돼요."

유권자 위협, 다른 말로 '투표권 도둑질'이라 부를 수 있는 많은 방식이 있고, 이 사례 또한 속속들이 퍼져 있지만 잘 알려지지 않은 유권자 위협이라 할 수 있다. 바로 아내를 협박하고 조종하고 침묵시키는 남편들이다. 집집이 문을 두드려 직접 유권자들을 만나는 전국의 방문 선거 운동원들에게 여러차례 들은 이야기가 있다. 아내는 이번에 우리 부부가 누구를 뽑아야 하느냐고 남편에게 직접 묻기도 한다. 그 말을 하는 이들은 대체로 겁을 먹은 얼굴이다. 때로 남편이 먼저 문을 열었을 때는 선거 운동원이 아내를 만나지 못하게 차단한다. 혹은 말을 막거나 소리를 지르거나 아내가 민주당 당원임을 알면서도 우리 집사람은 당연히 공화당 후보를 뽑을 거라고 큰소리를 친다. 혹은 우리 집안에 민주당은 없다고 말하는데 아내가 남편에게 민주당원이라는 사실을 숨겨서다. 아이오와주에 사는 내 친구는 이렇게 말했다. "문을 열어준 여성에게 투표할 계획이 있느냐고 물었는데, 뒤에서 남편이 나타나서 거칠게 말했어요. '난 공화당원입니다.' 내가 대꾸도 하기 전에 문을 쾅 닫아버렸죠."

또다른 친구도 말했다. "미시간주에 사는 여성에게 문자를 보냈는데 이런 답이 왔어요. '그 후보를 뽑아도 된다는 허락을 못 받았어요.'" 선거 운동원들은 선거 운동 중 이런 사례를 심심치 않게 만난다고 한다. 그렇다면 반대 현상은 있을까? 그러니까 아내가 남편의 투표에 강제로 개입한다거나 민주당 성향 남편이 아내에게 민주당 후보를 뽑으라고 강요하는 일 말이다. 물론 내가 대화해본 사람들은 모두 민주당 선거 운동원들이었고 가정 폭력은 정치 성향과 상관없이 전국의 어느 가정에서나 일어날 수 있다. 하지만 이들의 관찰을 종합해보면 공화당 남편이 아내에게 보수당 후보를 뽑으라고 강요하거나 투표 자체를 막는 사례가 대부분이었다(물론 진보당 지지자들 사이에서도 당연히 협박이나 강요가 있겠지만 아직 가정 안에서까지 그런 일이 있다는 이야기는 전달받지 못했다).

캘리포니아주의 선거 운동원은 이렇게 말하기도 했다. "여자가 현관에 서 있는 걸 보더니 깜짝 놀라서 식탁에서부터 전속력으로 달려오더라고요. 노크도 하기 전에 먼저 문을 열더니 아무 말도 없이 두 손바닥을 내 쪽을 향하도록 올렸어요. 그리고 양 손바닥을 왼쪽 오른쪽으로 천천히 움직이는데 이렇게 말하는 것 같았어요. '죄송한데요. 제발 소리 내지 마시고 그냥 가주세요.'" 그 여자 또한 남편을 두려워하는 아내 중 한 명이라 짐작된다.

나도 2004년 네바다주에서 가가호호 방문하며 선거 운동을 한 적이 있었고 굉장히 특별한 경험이었다. 딱딱한 인구 통계 자료는 실제 사람들의 얼굴이 되고 사연이 된다. 쓰레기를 치우지 않은 뒷마당이나 말끔하게 관리된 앞마당으로 보이기 시작한다. 고급 주택가와 슬럼이 보이고, 앞으로 있을 선거에 입장이 확실한 사람들과 정치에 열렬한 관심을 보이는 사람들과 무관심한 이들과 부동층을 만난다. 사람들을 그들이 사는 집에서 만날 수 있고 그중 어떤 사람들은 분명 두려움 속에서 복종을 강요당하고 있음이 보인다. 가정 내 폭력 또한 우리가 근래 강압적인 지배*라 부르고 있는 행동의 하위 부류로 이해하면 된다. 강압적 지배란 누군가를 심리적으로—재정적으로, 신체적으로, 사회적으로, 정치적으로—지배하고 조종하면서 외부 세상과 차단시키고 자신의 의견을 내지 못하게 하고 자신의 신체 활동과 재정과 진실에 주도권을 행사하지 못하게 하는 것을 말한다. 이런 행위가 투표권에도 적용될 수 있는데 이런 강압적 행태는 세상 어떤 일에도

---

* coercive control, 스토킹, 따돌림, 사생활 침해 등의 극단적이고 파괴적인 행동을 포함하는 강압적인 폭력.—옮긴이

적용되기 때문이다.

이 주제에 관해서 기사를 검색하니 선거권 감독관인 대니엘 루트Danielle Root의 다음과 같은 글이 있었다.

> 가정 폭력범들이 생존자들에게 사용하는 가장 흔한 전략은 피해자를 가족, 친구, 지역사회 주민들로부터 고립시키는 것이다. (…) 학대자들은 바깥세상으로 통하는 창구인 전화와 인터넷 사용을 제한하거나 검열하기도 한다. 투표를 하고자 하지만 친밀한 파트너에게 폭력을 경험한 개인들에게 고립은 특히 심각한 문제가 되기도 한다.

그리고 이 문장도 이어진다. "유권자 가정 방문은 친밀한 파트너 폭력을 경험한 사람들에게는 또 하나의 잠재적 위험으로 다가올 수 있다."

내 친구 멜로디Melody는 네바다주의 한 가정에 갔다가 잔디깎이를 일부터 켜놓고 그 소음 속에서 이렇게 고함치는 남자를 만났다. "여긴 '빨간' 집이에요! 이 집은 공화당이라고." 멜로디는 당시 상황을 이렇게 전했다.

> 나는 도나와 이야기하고 싶어서 들렀다고 말했죠. "도나는 당신과 말 섞을 일 없으니 돌아가요." 실은 이렇게

말하려고 했어요. "제가 볼 때 이 집은 빨간 집이 아니라 보라색 집 같은데요. 도나가 민주당원이니까요." 하지만 망설였어요. '어쩌면 이 남편은 부인이 민주당원인지 모를 수 있어. 도나는 투표장에 들어가서 원하는 후보에게 투표하고 남편에게 말을 안 하면 되는 거지.' 하지만 아내가 투표장에조차 갈 수가 없다면요? 아니면 이 부부가 식탁에서 같이 앉아 우편투표지를 작성한다면? 남편이 아내 투표지를 검사라도 한다면? 남편의 뜻이 아닌 본인이 원하는 대로 투표지를 작성하지 못할 수도 있지 않을까요?

에밀리 반 듀인Emily Van Duyn은 『워싱턴 포스트』에 텍사스주의 민주당 여성 당원들의 비밀 모임에 관한 기사를 썼다.

많은 여성들이 정체를 숨긴다. 주변인들과 갈등을 일으키고 싶지 않거나 지역사회에서 당당하게 진보당 지지자라는 사실을 밝히기 두려워한다. 그들이 경험하는 공포와 위협은 미국의 민주주의가 과연 안전한지 질문하게 한다. 진정 자유로운 민주주의라면 국민은 누구나 보복의 두려움 없이 자신의 의견을 밝힐 수 있어야 할 것이다. 이 여성들이 정치적 입장을 철저히 숨기면서 비밀리에 활동한다는 사실은 자신의 정치성을 당당히 밝힐 수 있다는 것 또한 이제 특권일 수 있다는 점, 지역사회에서 겉으로 드러난 모습들, 예컨대 마당의 표지판과 범퍼 스티커가 이야기의 전부가 아닐지도 모른다는 점을 되돌아보게 한다.

방문 선거 운동원들이 보고한 가정 내 압박이 정확히 어느 정도까지 여성들이 자신의 신념과 의제에 따라 선거하지 못하게, 혹은 아예 정치에 참여하지 못하게 방해하는지 알 수 없다. 선거 판도에 어느 정도 영향을 미치는지도 판단할 수 없다. 여성 중에서 자신이 적극적으로 선택해서 열렬하게 보수 정권을 지지하는 이들도 많다. 하지만 민주당과 공화당 지지층 사이의 어마어마한 젠더 차이를 보거나 여러 방문 선거 운동원들의 사례를 듣다보면 민주당 성향 여성과 공화당 남성으로 이루어진 부부는 굉장히 많고, 공화당 지지자 남편이 의도적으로 아내의 정치적 표현을 통제하고 있다는 사실을 익히 짐작할 수 있다. 공공장소나 소셜미디어에서, 좌파와 중도와 우파까지 다양한 종류의 압력과 괴롭힘이 있다고는 하지만 이렇게 가정 내 관계 속에서의 억압은 내가 수집하고 경험한 이야기들을 참고할 때 대체로 보수 지지층의 현상이고 보수당 지지자들이 대부분 백인이므로 대부분 백인의 이야기이기도 하다(물론 강압적인 지배는 인종과 정치적 성향에 상관없이 존재한다).

선거 결과에 얼마나 영향을 미치는지에 상관없이 투표권 보호라는 측면에서 이 문제는 중요하다. 또한 아직도 수많은 여성이 가정에서 자유롭거나 동등하지 못하다는 사실을 상기시켜주기도 한다. 또다른 방문 선거 운동원은 캘리포니아주 털록에서 남편이 아내를 두고 이렇게 말하는 것을 들었다. "집사람이 투표 어떻게 하냐고 물어보면 난 뒷마당에 데려가서 두드려 패줄 겁니다." 그는 농담처럼 말했지만 농담이 아니었다. 한 여성은 말했다. "한두명도 아니고 여러 공화당 여성들이 나에게 몰래 연락해서 혹시 남편이 자기가 누구에게 투표했는지 알아낼 수 있냐고 묻기도 했습니다." 또 어떤 남편은 아이의 카시트를 숨겨놓기도 했는데, 아내가 아이들을 데리고 투표소에 가지 못하게 하기 위해서였다.

생각보다 흔한 이 추한 시나리오는 또다른 의문을 일으킨다. 집에서 투표하고 우편으로 보내는 우편투표 방식이 점점 대세가 되어가고 있는데 이 방식이 혹시 투표함이라는 사적 공간의 자유를 앗아가고 여성과 가족 일원이 눈치 보지 않고 자신의 신념대로 행동할 능력을 잃게 만드는 건 아닐까. 미국은 물론 전세계 모든 곳에서 여성은 투표할 권리를 얻기 위해 길고 긴 싸움을 해왔다. 당시 참정권 운동이 왜 그렇게 급진적인 일로 여겨졌을까? 여자도 한표를 행사해야 한다는 주장은 곧 우리 여자들이 공적인 삶에서 동등하고 독립적인 참여자여야 한다는 주장이었고 우리의 이득과 우리 자신을 위해 행동할 권리가 있다는 뜻이었다. 우편투표가 일반화되기 전에는 투표란 말 그대로 바깥세상으로 나가 다른 사람이 보는 가운데서, 한명의 시민으로서 행하는 공적인 행위였다. 공공생활의 많은 부분이 그렇듯이 이 시민권 행사라는 의례 또한 사라지는 것이 아닐지 우려된다.

여성의 참정권 운동은 여성을 기본적으로 남편의 사유 재산이나 가축으로 제한했던 당시의 법과 정면으로 충돌했다. 남편은 아내의 신체와 노동과 수입과 자산을 통제할 권리를 갖고 있었다. 참정권 운동은 여성의 영역은 가정이고 여성의 역할은 집안의 가장인 남성을 존중하고 그에게 복종하는 것이라는 당시 관습과도 충돌했다. "남편이 우리 집의 결정권자라서요." 선거 운동원들의 이야기를 들으면서 현재를 사는 여성의 입에서 자주 이런 문장이 나왔다는 사실을 알고 놀랄 수밖에 없었다.

보수의 대표적인 의제가 무엇인지 아마도 알고 있을 것이다. 불평등 결혼이라고 칭할 수도 있는, 남성이 대부분의 권력을 가지는 불균형적인 관계다. 나의 양심과 의제에 따라 투표할 권리는 내가 내 몸을 통제할 권리, 일터에서 동일한 수단과 권한을 가질 권리와 크게 다르지 않다. 법이 모든 인간은 평등하다고 말하기 때문에 가져야 하는 권리다. 하지만 우리가 정말 평등할까? 두개 이상의 주에서 신분을 확인하는 크로스체크, 투표자 신분증 법, 투표소 제한과 투표 시간 제한 등 전국적인 단위로 시민들의 투표를 막는 공화당의 난해한 전략들은 이미 충분히 많다. 가정 내 압력 또한 이 나라의 미래를 누가 결정하는지를 제한하려는 시도가 아닐지 눈여겨보아야 한다.

온갖 거짓말이 법으로 재탄생하다

　임신중지 반대 법안은 임신중지 반대에 관한 거짓말을 바탕으로 만들어진다. 누가 임신중지를 하는지, 왜 하는지, 임신중지가 어떻게 이루어지는지, 여성의 몸이 어떤 방식으로 작용하는지, 태아가 어떻게 성장하는지에 대한 온갖 거짓말들이 난무한다. 이 거짓말들이 법 제정을 위한 길을 터주고 있다.

　오래전부터 이어진 케케묵은 거짓말은 임신중지를 하려는 여성들은 부주의하고 아이를 혐오하는 난잡한 여성이라는 거짓말이다(임신중절의 51퍼센트는 임신한 달에 피임 기구를 사용한 여성들이 한다. 59퍼센트는 이미 아이가 있는 엄마들이다. 75퍼센트는 빈곤층 저소득 여성들이다. 100퍼센트는 남성들과 관련해 원치 않은 임신을 한 여성들이다). 최근에 어마어마한 거짓말 하나가 새롭게 유입되었는데 바로 여성과 의사 들이 작당해 태어난 아기를 죽이고 그 일을 '낙태'로 부르기로 했다는 것이다. 보수적인 사람들로 하여금 임산부와 의료인 들을 잔인한 살인마로 여기도록 만든 다음 임산부와 의료인을 더 엄격한 법으로 꽁꽁 묶어도 된다는 사회적 분위기를 형성하기 위해 탄생한 거짓말이다. 과거의 임신중지 관련 거짓말들에 왜곡과 과장이 섞여 있었다면 이번 거짓말은 완전히 위험천만한 날조다.

2019년 4월 말 위스콘신주에서 열린 공화당 집회에서 도널드 트럼프는 이렇게 말했다. "아기가 태어나죠. 엄마가 의사를 만나요. 둘이 아기를 보겠죠. 그런 다음 아기를 강보에 곱게 싸서 의사와 엄마가 이 아기를 죽일지 살릴지 결정을 합니다."(이 막장 시나리오와 가장 가까운 일이라고 한다면, 신생아가 '생명 유지가 어려울 정도로 위험한 상태'일 경우에, 부모의 신중한 재량권에 따라, 아기의 생명을 연장할 수는 있지만 죽음을 막을 수는 없는 고통스러운 의료적 개입 대신에 고통 완화 치료법을 택하는 것을 말한다.)「폭스 뉴스」앵커인 에인슬리 이어하트Ainsley Earhardt는 그 거짓말을 더욱 확대했다. "민주당 인사들은 출생 이후에도 낙태를 할 수 있다거나 출생 직후에 죽일 수도 있다고 말하고 있으니 이 입장은 민주당에 역효과로 돌아갈 것입니다." 어떤 시점에서, 어떤 이유에서 시행하건 임신중지는 무조건 살인이라는 프레임을 씌우고 있다.

결정적으로 이 새로운 거짓말은 조지아주와 앨라배마주의 입법자들이 의료인을 범법자로 만들어 주에서 제시한 새로운 제한에 따를 수밖에 없게 하는 분위기에 일조한다. CNN에 따르면 앨라배마주의 새로운 임신중지 전면 금지법은 다음과 같다 "이 주에서 임신중절 수술을 실행하다 신고를 당한 의사는 앨라배마주 최고 등급의 중범죄인 1급 범죄로 형사처벌될 수 있다." 임신중지가 중범죄라는 개념은 더 큰 범죄를 정당화하는 방법이 되기도 한다. 2019년 5월 31일은 임신중지 옹호론자이자 임신중절 수술을 시행했던 캔자스주 위치토의 의사 조지 틸러George Tiller가 살해된 지 10년이 된 날이었다. 2015년 말 가정 폭력 전과가 있는 무장한 백인 남성은 콜로라도주의 가족계획연맹에 난입해 어린아이를 키우는 부모 세 쌍을 죽이고 여러명에게 부상을 입혔다. 그는 자신을 '생명의 수호자'라고 부르기도 했다. 사실 임신중절 수술은 가족계획연맹이 하는 일 중 하나일 뿐으로, 가족계획연맹은 국가의 생식과 의료를 최우선 과제로 삼아 피임 교육과 성교육을 실시하며 임신중지를 최소한으로 줄이고자 노력하는 기관이다.

영아 살인이라는 황당한 신화가 점차 퍼지던 시기에 루이지애나주 공화당 원내 총무인 스티브 스컬리스Steve Scalise는 공화당 공식 홈페이지 상단에 '살아서 낙태당한 아기 추적'이라는 문구를 실었다. 이 오류투성이인 임신중지 금지 캠페인은 생존한 태아를 정상 출산한 다음 죽이거나 죽게 놔두는 일이 정기적으로 일어날 수 있다고 말한다. 절대다수의 임신중절은 태아나 배아가 모체 밖에서 생존이 가능하기 이전에 실시된다. 임신중절 수술 과정에서 태아가 살아 있을 확률은 극단적으로 낮고, 연방법이나 주법은 이러한 사례를 법률로 제한한다. 임신중지 반대 측은 이 일들이 실제보다 더 흔한 것처럼 홍보하고 임신중지가 마치 살인처럼 보이도록 틀을 짠다.

새로운 임신중지 금지 법안에는 또다른 거짓말들이 상정되어 있다. 심장이 뛰는 태아의 낙태를 제한하겠다는 개념이다. 이 개념을 따르자면 이른바 '태아심장박동법'은 아직 태아가되지 못한 배아 상태의 수정란, 세포들이 복잡한 장기가 되기전이라 완전히 형성된 심장이 없는 배아에도 적용되어야 한다.• 임신 6주 차에 배아는 1.2센티미터도 채 되지 않는다. 산부인과 전문의 콜린 맥니컬러스Colleen McNicholas 박사는 「허핑

• 이 에세이는 『가디언』(Guardian)에 최초로 발표되었는데, 발표 직후 『가디언』은 미국의 주 의회에서 통과되지 않은 제한적 임신중지 제한법을 지칭할 때 '태아심장박동'이라는 용어를 쓰지 않기로 했다. "우리는 의학적으로 부정확하고 여성의 생식권에 대한 편견을 조장하는 언어를 사용하지 않기로 했다." 미국판 『가디언』의 편집장 존 멀홀랜드(John Mulholland)는 말했다. "이는 태아의 성장을 반영하지 않는 독단적인 제한법이다. 보수 입법자들이 낙태에 적용하는 언어는 전혀 과학적이지 않고 정치적 이익에만 부합한다."

턴 포스트」Huffington Post 기자에게 설명했다. "임신 6주의 배아를 태아라고 말하는 건 부정확합니다. 그 시점에는 심장 세포 몇겹으로 둘러싸인 두개의 관이 형성되었을 뿐이에요. 이 관이 약간의 진동을 하고 움직임을 일으켜 우리가 '심장박동 소리'라고 부르는 소리를 내지만 이는 언어적인 표현일 뿐입니다." 이 법안은 대중의 상상력을 자극하기 위해 의도적으로 기획되었으며 배아의 발달 사항을 정확하게 표명하지 않는다. 그런데도 조지아주 법안은 이 법이 "감지할 수 있을 정도로 인간의 심장이 뛰는 존재를 낙태하려 하는 여성들에게 조언을 제공하기 위하여" 필요하다고 말한다.

새로운 법안의 더 큰 문제는 자칫 유산까지도 범죄 취급하는 인식이 생길 수도 있다는 점이다. 지금까지 유산한 여성들을 범죄화한 사례는 1,000건이 넘는다. 온라인 뉴스 사이트 「제제벨」Jezebel은 최근 기사에서 "흑인 여성과 저소득층 여성은 임신과 관련된 죄목으로 처벌될 확률이 높다"라고 지적했다. 2018년 연구에 따르면 임산부 중 20퍼센트는, 어쩌면 전체 임산부의 절반은 유산을 경험한다. 유산을 범죄로 취급한다는 의미는 남성과 성관계를 했을 때 임신할 가능성이 있는 여성들이 불가피하고 흔하게 발생하는 생물학적 사건을 겪은 후에 처벌받을 위험을 안게 된다는 의미다. 그 세계에서는 여성이 산부인과에 방문해 임신을 확인하면(혹은 임신 관리 앱을 사용하면) 그 사실을 정부가 알게 되고 그 임산부가 유산을 했거나 임신중지를 했다는 이유로 '범죄자'로 기소될 가능성까지 있다는 뜻이기도 하다. 이렇게 된다면 사람들은 의료 서비스를 기피하게 될 것이다. 2019년 6월에는 2018년 말 임신 중 배에 총을 맞은 여성이 과실치사 혐의로 체포되었다. 임신 5개월째의 태아를 죽게 했다는 이유였다. 그 여성을 쏜 범인은 기소되지 않았다. 대배심은 (가난한 흑인인) 여성이 임신한 상태로 싸움에 말려들었던 것이 잘못이라 주장했다. 이후 검찰이 불기소 결정을 내리기는 했다.

속속 등장하는 엽기적인 임신중지 법안처럼 조지아주 법안은 너무나 이른 주수의 임신, 당사자가 임신인 줄도 모를 시기의 임신중지까지 금지한다. 여성들은 임신 사실을 알게 되면 지정된 주수 안에 수술받기 위해 하루빨리 움직여야 할 것이다. 그러나 클리닉들은 문을 닫았을 것이고 상담과 숙려 기간은 길어질 것이며 또다른 엄격한 절차들 때문에 시간이 재깍재깍 흐를 것이다. 임신중지를 가능하게 해놓기는 하지만 임산부들이 점점 더 맞추기 불가능한 조건을 추가한다. 실제 세상에서 잘 일어나지 않는 가짜 이야기를 바탕으로 상정된 임신중지법 때문이다.

임신중지에는 산모의 생명을 보호하기 위해 임신을 종결시키는 절차도 포함된다. 2018년 아일랜드에서는 국민투표를 통해 임신중지를 금지하는 헌법을 개정했는데 의사인 사비타 할라파나바르Savita Halappanavar라는 여성의 죽음이 결정적인 역할을 했다. 그녀는 유산 위기로 생명이 위독해져 입원했으나 생존이 어려운 태아의 심장이 아직은 박동 소리를 낸다는 이유로 임신중지 요청이 받아들여지지 않았고 결국 패혈증으로 숨을 거두었다. 그녀는 분명 아이를 원했다. 그러나 살고 싶기도 했다. 그리고 충분히 피할 수도 있었던 비극적인 죽음을 맞았다. 아일랜드 유권자들은 임신중지 금지 법안 폐지에 압도적인 비율로 찬성했다.

한편 텍사스주는 여성을 살아 있는 관짝으로 만드는 법안을 통과시키려 하는 중인데, 즉 죽어가거나 죽을 예정인 태아도 강제로 품고 있어야 한다는 법이다. 『텍사스 트리뷴』*Texas Tribune*은 다음과 같이 보도했다. "지난 화요일 텍사스주 상원은 새로운 임신중지 법안을 상정했다. 이 법안은 성별, 인종, 태아의 장애 유무를 기반으로 한 임신중지는 전면 금지하고 임신중지 찬성론자들이 '선택적 임신중절'이라 부르는 시술을 하는 의사를 처벌할 수 있다. 현재 주법상으로는 기본적으로 임신 20주 이상의 후기 임신중지를 금지하지만 예외 조항이 있다. 임신을 유지하기 불가능하거나 태아가 '심각한 선천성' 기형아인 경우 임신중지가 허용된다. 상원 법안 1033호는 이 예외 조항마저 철폐할 예정이다."

어떤 사람이 아기의 인종 때문에 임신을 중단한다는 건 거의 생각하기 힘들지만 이것은 임신중지가 우생학 캠페인의 일부라는 신화와 엮여 있다. 미국 대법관인 클래런스 토머스 Clarence Thomas는 임신중지가 인종주의와 얽혀 있었던 과거를 언급하면서 어떤 이유로도 임신중지는 허가되지 않아야 한다고 주장했다. 『워싱턴 포스트』에 따르면 "우생학을 연구하는 일곱명의 학자들 모두가 역사적 사실에 의거한다는 토머스의 임신중지 반대 주장에는 심각한 결함이 있다고 말했다." 성 감별 임신중지는 아시아에서 매우 흔한 현상이며 이 때문에 중국과 인도의 젊은 세대는 성별 불균형이 심각하다. 그러나 미국에서는 성 감별 임신중지가 높은 비율을 차지한다는 증거가 전혀 없다.

가끔은 이 거짓말을 밀어붙이는, 대부분은 백인에 남성인 입법자들이 도덕성을 잃은 전략가들로 보인다. 어떤 때는 그냥 바보천치들 같다. NBC의 보도를 보자. "최근 오하이오주 공화당 의원들이 발의한 새 법안은 생명을 위협하는 비정상적 임신을 했을 경우—자궁 외 임신 같은 경우—필요한 의료적 개입을 하려는 의사들의 시술도 불가능하게 만들려 한다. 또한 자궁 외 임신 시의 임신중절 수술도 '낙태'라 부르면서 보험회사가 비용을 지불하지 못하게 한다. 그 대신 여성이 원하건 원하지 않건 태아를 자궁에 재이식하는 시술을 강

제한다." 이는 성공 확률이 낮고 위험한 시술이며 임신중지를 미루는 일은 산모의 생명으로 도박을 하는 것과 같다. 따라서 이 법은 죽게 될 태아나 배아를 구하기 위해 존재하는 법이 아니라 살릴 수도 있는 산모의 생명을 위협하는 법안이다. 생명 찬성pro-life 법이 아니라 거짓말 찬성pro-lie 법이다.

가끔은 법안 자체가 뻔뻔하기 이를 데 없는 거짓말이다. 2019년 3월 노스다코타주 주지사가 제안한 법안에 따르면 의사는 환자들에게 자연유산을 유도하는 약물이 실패할 수 있다는 말을 의무적으로 해야 한다. 2019년 6월 25일 미국의학협회는 노스다코타주를 상대로 소송을 걸었는데, 이 법안은 의료계 종사자들에게 "과학적 근거도 없고 증명된 바 없는 허위 사실을 주장"하길 요구하고 있기 때문이다. 이 소송에는 노스다코타주의 또다른 법안도 포함되어 있었다고 미국의학협회는 말한다. "의사들이 환자들에게 의무적으로 임신중지는 '완전하고, 개별적이고, 고유하고, 살아 있는 인간의 생명을 종료시키는 것이다'라고 말해야 한다 ─ 논란의 여지가 많고, 이념적이며, 의학적으로 부정확한 문장이다. 그리고 의사들에게 주법의 대변자 역할을 하라고 강요하는 것은 헌법에도 어긋난다."

미셸 알렉산더Michelle Alexander는 최근 『뉴욕 타임스』에서 중요한 지점을 지적했다. 임신중지법에서 강간으로 인한 임신은 예외로 한다는 헛소리는 곧 성폭행 피해자가 임신을 중지하기 위해서는 성폭행 피해 사실을 입증해야 한다는 뜻이다. 성폭행 유죄가 선고될 확률이 얼마나 낮은지를 고려하면, 또 이 법적 증명이 얼마나 답답하게 진행되고 피해자의 사생활을 침범하고 적대적인지를 생각한다면, 아마도 법적 절차가 종결할 즈음이면 그 태아가 어린이집이나 유치원에 갈 나이일 것이다. 어쩌면 로스쿨에 다니고 있을지도 모른다. 최근 『휴스턴 크로니클』*Houston Chronicle*에 침례교 목사가 십대 조카를 2년에 걸쳐 수차례 성폭행한 혐의로 체포되었다는 기사가 실렸다. 처음 성폭행이 시작되었을 때 피해자는 열세살이었다. 기사에 따르면 목사는 체포되기 전에 텍사스주의 임신중지법을 찬성하는 뜻을 표명했다고 한다. "입법에 실패한 하원 법안 896호는 텍사스주에서 모든 임신중지를 전면 금지하고 검사들이 임신중절 수술을 한 여성에게 살인죄까지 적용할 수 있는 법이었다. 이 텍사스주의 임신중지법하에서는 임신중절을 한 여성에게 사형이 구형될 수도 있다."

이러한 임신중지법들은 여성의 삶을 침범하고 여성의 인권을 말살하는 대표적인 방법이다. 여성의 삶을 법 집행기관의 손에 넣어버리고 개인의 의료적 결정을 관료적 절차와 규제에 복잡하게 얽히게 한다. 앨라배마주 법안에는 근친상간과 강간 예외 조항도 없다. 아버지에게 성폭행당해 임신한 열한살 소녀는 건강의 위협과 정신적 공포를 안고 9개월이라는 임신 기간을 견뎌야 한다. 앨라배마주는 강간범의 친권을 폐지하지 않은 단 두개 주 중 하나로, 피해자가 임신을 중지하지 못하면 평생 이 강간범과 엮여야 한다. (미국 주의 절반은 성폭행 유죄 선고자의 친권을 박탈한다. 성폭행 유죄 선고가 될 확률이 고작 2~3퍼센트라는 사실을 고려한다면 이 법은 성폭행 피해자에게 아무 도움도 안 되는 것보다는 살짝 나은 정도일 뿐이다.) 텍사스주의 침례교 목사가 체포되긴 했지만 그가 어린이를 상대로 범죄를 저지른 건 이미 몇년 전이었다. 그 소녀의 입장에서는 법의 심판이 너무 늦게 이루어졌다.

생식권 운동가들이 수십년 동안 지적해온 바는, 임신중지에 반대하는 정치가들이 생명을 소중히 여기고 아기를 그렇게까지 보호하고 싶다면 산전 진료와 출산 비용을 지원하고 영유아 보육과 공교육의 수준을 높이고 다양한 모자 보건 사업을 확대 시행하는 모습을 보여달라는 것이다. 하지만 우리가 주목해야 할 문제는 또 있다. 2001년 『미국의학협회저널』 Journal of the American Medical Association에 두 연구자가 공동 발표한 논문은 이렇게 설명한다. "사실 임신 기간과 산후 1년간 여성의 사망 원인 1위는 살인으로, 다섯건의 사망 중 한건이 살인에 해당한다. 『조산사 및 여성의 건강 저널』 Journal of Midwifery & Women's Health에 실린 논문에 의하면 워싱턴 D. C.에서 지난 8년간 임산부 사망 원인의 48퍼센트는 살인이었다."

이 현상을 설명할 수 있는 열쇠는 바로 총기 규제일 것이나 반임신중지, 반총기규제 법안은 똑같은 사람들에 의해 만들어져 우리 앞에 온다. 이 두가지 정치적 입장은 모두 한계가 없고 규제가 적은 남성 권력과 관련이 있어 보인다. 여성에 비해 훨씬 높은 비율로 총기를 소유하고 사용하는 (그리고 죽이는) 성별은 남성이다. 퓨 리서치 센터Pew Research Center의 2017년 발표에 따르면 "백인 남성의 총기 소유 비율이 가장 높다. 거의 절반(48퍼센트)의 백인 남성이 총을 소유하고 있다고 답했고 백인 여성과 비백인 남성은 각각 24퍼센트, 비백인 여성은 16퍼센트가 총기를 소유했다고 대답했다."

임신중지 반대론자들은 원치 않은 무계획 임신이 철없는 여성 혼자서 저지른 비행이라는 생각을 퍼트리려고 한다. 물론 정자 제공과 체외수정을 통해 여성이 홀로 의도적으로 원해서 이루어낸 임신도 있다. 그러나 대부분의 임신은 어떻게 이루어질까? 정자를 가진 사람이 질내 사정을 통해 난자를 가진 사람에게 정자를 주입한 결과다. 이때 부주의한 일이 일어났다면 여자의 잘못일 수도 있지만, 남자의 책임일 수도 있다. 피임했지만 실패했을 수도 있고, 쌍방이 원했던 임신이지만 잘못되었을 경우도 있다.

우리는 이 선이 얼마나 희미할 수 있는지를 말하지 않는다.

성적 쾌락을 원하는 남성들이 여성을 회유하고 거짓말해 피임 없는 삽입 성교를 하게 되고 그 결과가 임신으로 이어진다는 점은 왜 더 말하지 않을까. 콘돔 사용 약속을 깬 남자가 얼마나 많은지 바로 지난주에도 그런 남자의 이야기를 들었다.* 원치 않은 임신에 대한 책임을 남성에게 지워야 한다는 생각이 점점 더 주목받고 있다. 임신시킨 사람이 임신한 사람과 동일한 책임을 지게 된다고 상상해보자. 하지만 이 관점 또한 자칫 위험한 결과로 흐를 수도 있다. 임신을 중지할 수 있는 선택권은 임신한 당사자에게만 돌아가야 가고, 우리의 목표는 어떤 사람이 되었건 누군가에게 죄를 묻는 것이 아니다. 하지만 임신은 혼자 할 수 없고 임신이 난자를 가진 인간뿐만 아니라 정자를 가진 인간의 책임이기도 하다는 생각은 점점 더 큰 공감대를 얻고 있으며 이 변화가 이야기를 바꿀 수 있다. 혹은 임신중지 반대 입장에 힘을 실어주는 여성혐오적 서

* 2010년 줄리언 어산지(Julian Assange)를 성폭행 혐의로 고소한 여성 두명은 어산지가 콘돔 사용 합의를 어겼다고 주장했다. 페미니스트 법학자 알렉산드라 브로드스키는 2017년에 이렇게 썼다. "삽입 성교 중 합의되지 않은 콘돔 제거는 피해자의 임신과 성병이라는 신체상의 위험을 초래할 수 있고 여성의 존엄과 자립성을 위반하는 행위다. 흔히 '스텔싱'이라 말하는 콘돔 제거는 동의에 의한 성교를 동의하지 않은 성교로 전환하는 행위라 이해하면 된다." 2019년 호주에서 실시한 설문 조사에서 남성과 삽입 성교를 한 여성 세명 중 한명, 남성 다섯명 중 한명이 동의 없는 콘돔 제거의 피해자가 된 적이 있다고 답했다. 그 조사 보고서는 "친밀한 파트너에게서 폭력을 경험한 여성의 남성 파트너는 피임을 거부할 확률이 두배 높고, 여성이 계획하지 않은 임신을 할 확률도 두배 높다. 십대에 출산할 확률은 세배 높고 다섯차례 이상 임신할 확률 역시 크게 높아진다"라고 덧붙였다.

사를 약화시킬 수 있다.

얼마 전에도 실로 내 귀를 의심케 한 뉴스를 들었다. "경찰에 따르면 남부 미시시피주 지역에서 활동하는 한 정치가가 아내의 얼굴을 주먹으로 가격했는데, 남편이 섹스를 원하는데도 아내가 옷을 재빨리 벗지 않았다는 것이 그 이유였다." 공화당 의원인 더그 매클라우드Doug McLeod는 아내가 코피를 흘릴 정도로 폭행을 가한 것으로 밝혀졌다. 아내는 침대와 바닥에 피를 흘리다가 뛰쳐나가 경찰에 신고했다. (남자는 이 보도가 실제로 일어난 일을 왜곡했다고 주장했다.) 아내가 남편의 명령을 민첩하게 따르지 않았다는 이유로 폭행까지 당했으니 그가 의도한 부부 관계가 상호 동의에 따른 관계였을 거라 보기는 매우 어렵다. 이 사례에서 여성이 신체적 자기 결정권을 갖지 못한 결혼 관계가 있을 수 있음을 알 수 있다. 이런 가정에서는 피임을 하거나 배란기에 관계를 피하려는 여성의 결정은 무시될 수가 있다. 나는 매클라우드의 얼굴을 다시 한번 보았다. 확인할 필요도 없이 그는 올해 초에 '태아 심장박동' 임신중지 반대 법안을 상정한 정치인 중 하나일 것이다.

생식권은 여성이 전성기라 할 수 있는 기간에 공적인 삶과 경제생활에 온전히 참여할 수 있게 해주며 남성들은 당연하게 생각하는 신체 결정권을 소유한다는 것을 의미한다. 말하자면 자유롭고 평등하게 살 수 있는 권리다. 나는 일부 사람들이 왜 그렇게 임신중지를 몸서리칠 정도로 증오하는지를 곰곰이 생각하면서 결국 임신을 중단할 수 있는 권리가 여성에게 남성과 동일한 결정권과 자유를 주기 때문이라는 결론을 내렸다. 그 증오는 신생아나 아동 복지에는 관심이 없는 사람들의 머릿속에서 나온다. 아마 여성들에게도 관심이 없을 것이다. 현재 이 시점에서 과학, 사실, 진실에도 관심이 없어 보인다. 그런 사람들의 거짓말이 법이 들어갈 자리를 만들고 있다.

남성의 몰락은 지나치게 과장되어 있다

캐버노와 고메시에 대해 떠드는 사람들

생물학에서 기준표본type specimen이란 어떤 생물을 새로운 학명으로 기재할 때 선택하는 한가지 표본으로, 일반 사람들이 가장 먼저 떠올리는 그 종의 특징을 나타낸다. 나는 지난 몇년간의 관찰로 인간 또한 어떤 종을 대표하는 기준표본이 될 수 있다는 사실을 발견했다──그들의 반응이나 발언은 특정 부류의 세계관이나 오류를 정확히 구현하고 있으며 그들의 말 한마디 한마디가 마치 고슴도치에 가시가 콕콕 박혀 있듯이 본인의 세계관에 단단하게 붙어 있다. 그들이 표본으로서 가치 있는 이유는 특정 사람들의 생각은 왜 항상 일정한 방향으로 흐르는지, 자신들의 신념을 어떻게 강요하려 하는지, 이 엿 같은 일들이 왜 이렇게 자주 일어나는지를 극명하게 전시하고 있기 때문이다.

2018년 9월 13일, 한 남자가 한심한 자기기만에 빠져 악의적 왜곡을 일삼는 여성혐오자의 완벽한 표본처럼 행동하고 있어 일단 캡처를 해두었다. 생물학 연구를 위해 기록 보존이라도 해야 할 것만 같아서였다. 내 행동은 선견지명이라고밖에 할 수 없었는데 문제의 여성혐오자가 자신의 트위터 게시물을 열렬히 방어하다가 지쳤는지 다음날에 슬그머니 지웠기 때문이다.

그즈음에 익명의 한 여성 제보자가 민주당 상원의원인 여성 국회의원에게 편지를 보냈다. 고등학교 때 한 파티에서 현대법관 후보인 브렛 캐버노에게 성폭행을 당할 뻔했으나 격렬히 저항해 가까스로 벗어났다는 내용이었다. 이 제보가 알려지자 아이비리그 출신의 변호사인 에드 웰런Ed Whelan은 야심한 밤에 트윗을 남기기로 한 모양이었다. 그가 트위터에 글을 올린 시간은 서부 시간으로 오후 8시 46분으로 미국의 수도는 거의 자정에 가까운 시간일 터였다 ―그가 몸담은 직장이 공화당 윤리공공정책센터이니 그는 실제로 수도에 있었을 가능성이 크다. 민감한 정치적 문제를 트위터에 올리기에는 분명히 늦은 시간이고 다만 자기 나름대로 이런저런 추측을 해볼 수는 있었을 것이다. 그는 자신의 추측을 추측에 그치게 두지 않고 군이 야심한 밤 트위터에 올려서 스스로 망신을 자초했다. 그는 자신의 동료인 브렛 캐버노의 과거를 고발한, 당시에는 익명의 제보자였던 사람을 두고 제멋대로 키운 환상을 적어 내려갔다.

> 분명 술이 있는 파티였을 텐데 사건을 신고한 제보자는
> 과연 술에 취하지 않았을까? 만약 취했다면 얼마나 취했
> 을까? 음주로 발생할 수 있는 인지 장애, 기억력 손상, 신
> 원 오인에 35년이라는 세월이 더해져 더 악화한 건 아닐
> 까? (물론 그 여성이 술을 마셨기에 상대의 행동에 면죄
> 부를 줄 수 있다고 말하는 건 아니다.)

처음부터 위풍당당하기 이를 데 없는데 일단 첫번째 문장
에서 그 여성이 직접 한 말이 아니라 술에 취했었느냐는 질문
에 대한 대답을 가정해서 썼다는 점부터 그렇다. 하지만 이
질문 자체가 공격이 된다. 그 여성은 술이 있는 파티였지만
술에 취하지는 않았다고 대답할 것이다. 그러나 과연 믿을 수
있을까? 변호사로 오래 살아온 그는 상상의 법정에 서서 여
성에게 반대 심문을 하고 배심원 앞에서 그 여성의 명예를 실
추시키려 하고 있었다.

두번째 문장에서는 초점을 그 여성의 음주 여부에서 음주
의 양으로 옮겨갔다. 그녀가 술을 마셨다는 증거는 어디에도
없었지만 그는 상상 속의 배심원들인 신사 숙녀 여러분에게
음주의 유해함에 대해 상세하게 설명하기 시작한다. 신원 오

인도 그중 하나다. 35년 전 사건이니 이 익명의 고발자는 다른 사람을 캐버노로 착각한 것일 수도 있다!

그러다가 마지막 변론에서 그녀의 음주가 기정사실인 것처럼 말한다. 그는 거의 확신에 다다른 것으로 보이는데 그 확신은 자신의 근거 없는 증언과 캐버노가 반드시 대법관에 임명되어야 한다는 소망에 의거하고 있다(그는 다양한 방식으로 공공연하게 캐버노의 대법관 지명을 지지해왔다. 두 사람은 부시 주니어 행정부에서 함께 일한 동료였다).

웰런은 그 여성이 파티에서 벌어진 캐버노의 성폭행 미수를 폭로한 편지를 썼다는 것 이외에는 아무것도 모르지만 그 여성에게 실제로 어떤 일이 일어났는지 그 나름대로 상상의 나래를 펼쳤다. 『뉴요커』에 실린 실제 편지의 내용은 다음과 같다. "그 여성의 편지에 따르면, 캐버노와 같이 술을 마시고 있던 동기 남학생은 그녀가 소리를 지르자 오디오의 볼륨을 더 높여서 소리를 덮으려고 했다. 캐버노는 손으로 여성의 입을 틀어막았다. 여성은 격한 몸싸움 끝에 겨우 벗어날 수 있었다." 그 기사는 덧붙인다. "이 성폭행 미수 후 여성은 장기간 스트레스와 불안정을 느껴 심리상담사를 찾아야 했다." 이후에 크리스틴 블레이시 포드가 직접 자신의 신원을 공개했고 『워싱턴 포스트』에 이렇게 말했다. "시민으로서의 책임감이 분노와 보복에 대한 공포보다 더 중대하다고 생각했다."

이제부터가 공식 기록이다. "파티에 갔던 친구들은 맥주 한잔 씩을 마셨지만 캐버노와 친구는 일찍부터 마셔서 상당히 취해 있었다."

이 사건에 대해 알지도 못하면서 쓴 남성의 트윗은 너무나 많은 요소가 전형적이라서 여성혐오 박물관에 전시해도 될 것만 같다. 무엇보다도 남자들 특유의 말버릇과 같은, 여자 말은 믿을 수 없고 남자 말은 믿을 수 있다는 주장이 그렇다. 이는 고리타분하고 잔인하고 역사가 깊은 주장으로 남자들은 신뢰할 수 있고 여자들은 믿을 수 없으며 남자들은 객관적이고 여자들은 주관적이라는 의견이다. 이 트윗은 남자들이 얼마나 강하게 자신들의 환상과 기만을 사실이라 확신하는지를 보여주는 모델이라 할 수 있다—이 확신은 스스로의 능력과 자격에 대한 과다한 존중에서 나온다. 이 남자가 자신이 무엇을 하고 있는지 인지하지 못한다는 사실, 즉 자신이 주관적이라는 사실을 모르는 것은 이 사례뿐만 아니라 이와 비슷한 사례에서 수없이 발견하게 될 문제다. 이 트윗 뒤에 그는 다음 트윗을 남겼다. "이 트윗에 너무나 많은 사람들이 흥분하며 반대하는 것을 보니 놀랍다. 음주는 사람의 인지적 기능을 손상시킨다는 당연한 사실을 부정하는 것인가." 그는 사람들의 실제 주장이 아니라 사람들이 주장했으면 하고 바라는 일을 방어하고 있다. 취한 사람의 행동에 대해 옥신각신하는 것과 그 사람이 정말 술에 취했었는지 아닌지 사이에는 큰 차이가 있다.

아마 이런 일들이 또 난데없이 나타나지 않았다면 이 트윗은 이국적인 표본이 되었을 것이지만 안타깝게도 그러지 못했다. 이 상징적인 트윗이 쓰이기 하루 전날 『뉴욕 타임스』는 CBS의 전 CEO가 된 레슬리 문베스Leslie Moonves에 대한 성폭력 의혹을 보도했다.

"우리는 만장일치를 위해 필요하다면 자정까지라도 회의실에 남아 있을 생각입니다. 우리의 CEO를 100퍼센트 지지하고 그의 자리에는 변화가 없을 것입니다." 이사회의 멤버인, 전 하원의원이자 상원의원으로 빌 클린턴Bill Clinton 행정부에서 국방부 장관을 역임했던 윌리엄 코언William Cohen이 이와 같이 말했다고 이사회 회원들과 회의를 브리핑한 사람들이 보고했다.

또 한명의 이사이며 영화 「플래툰」Platoon으로 오스카 작품상을 탄 바 있는 83세의 제작자 아널드 코펠슨Arnold Kopelson은 문베스를 더욱 강하게 변호했다고 이사진과 몇몇 사람들은 말했다. "여자들 30명이 더 나와 같은 의혹을 제기한다고 해도 난 상관하지 않을 겁니다." 코펠슨은 전화 회의가 끝난 직후 한 모임에서 이렇게 말했다. "레스는 우리의 리더이고 그에 대한 나의 의견은 절대 변치 않을 겁니다."

이렇게 윗자리를 차지한 남성들은 사실을 취사선택해 믿고 싶은 사실만 취하고 원치 않는 사실은 내동댕이칠 수 있다고 생각하는 경향이 있다. 실제로 레슬리 문베스의 옹호자들은 비아콤 CBS의 회장이며 이 의혹을 진지하게 여긴 셰리 레드스톤Shari Redstone에게는 연락하지 않고 자기들끼리만 회의를 열었다. 여성들이 알고 있는 사실은 신경 쓰지 않는데 그동안 여성의 사실은 간편히 제거될 수 있었기 때문일 것이다. 실제로 우리가 미투라고 부르는, 정의라는 목표를 향해 달려왔던 이 긴 여정에서 관건은 과연 여성도 사실을 관철할 수 있는가, 여성의 말을 굳이 듣거나 믿으려는 사람이 있는가였다. 여성의 말을 믿는 사람들이 있다 해도 그 진실이 대가를 치르게 할 수 있는가는 넘어야 할 또다른 산이었다.

문베스 지지자들에 관한 『뉴욕 타임스』 기사가 발표된 날에 「버즈피드」Buzzfeed에서는 다음 기사가 나왔다. "미시간 주립대학 체조팀 주치의였던 래리 나사르에게 또 하나의 성폭행 혐의 소송이 제기되었다. 전 미시간 주립대학 선수였던 여성은 나사르가 자신에게 수면제를 먹이고 성폭행해 임신까지 시켰다고 폭로했다." 학생은 이 학대 사실을 바로 여성 코치에게 알렸고 코치는 학과장에게 보고했고 교내 경찰에도 신고했다. 그러나 선수와 코치의 주장은 묵살되었다. 소송의 내용은 다음과 같다. "피고인 미시간 주립대학은 피고 나사르의 성범죄와 피해자들에 대한 정보를 입수하고도 장기간 은폐하며 아무 조치도 취하지 않았다." 하비 와인스틴의 제작사 내부 인사들 또한 이미 그의 이력을 훤하게 알고 있었다. 하지만 관계자들과 협력해 피해자들을 만나 와인스틴과 단독 면담을 강요하고 합의를 종용했다. 유명 변호사와 이 회사의 고위급 인사들은 피해자를 매수하고 비밀 유지 각서를 쓰게 했다. 그래도 비밀을 누설할 가능성이 있는 여성들에게 스파이를 붙였고 이 과정에서 무수한 공범자가 필요했다.

몇십년 전에 이 사회가 여성들의 말을 들었다면 어땠을까 상상이라도 해보자. 하비 와인스틴, 제임스 토백James Toback, 빌 코즈비, 레슬리 문베스, 로저 에일스, 빌 오라일리, 찰리 로즈, 맷 라우어, 루이스 C. K.Louis C. K.를 비롯한 수많은 사람들의 경력은 일찌감치 끝나 지금처럼 오래 승승장구하지 못했을 것이다. 관련된 수백명이 더 나은 삶을 영위했을 것이다. 언론계와 문화예술계도 지금과 다른 양상이었을 것이다. 여러모로 더 좋았을 것이다. 2017년에 변호사이자 작가인 질 필리포빅Jill Filipovic은 이런 지적을 했다. "성추행 의혹을 받고 고소당한 수많은 남성 유력 언론인들이 누구인가? 2016년 대선 때 힐러리 클린턴과 도널드 트럼프 관련 보도에 앞장선 이들이었다. 이 특정 남성들은 순종적인 성적 대상에 머물지 않고 권력을 추구하는 여성들에게 깊은 편견을 가진 이들이었다."그렇다면 이 점이 대선에 얼마나 영향을 미쳤을지를 숙고해보지 않을 수 없다.

전국 수많은 맥도날드 지점의 여성 직원들과 플로리다주에서 캘리포니아주에 이르는 농장의 여성 노동자들은 업계에 만연한 성추행과 성폭행을 지속적으로 고발해왔다. 캘리포니아주의 야간 근무 노동자들은 새크라멘토까지 약 160킬로미터를 행진하며 그동안 견뎌왔던 만성적인 성추행을 증언했다. 문제는 어디에나 있다. 다만 유명 정치인이나 연예인 관련 사건들은 자세히 관찰하고 검사할 수 있는 표본을 제공해 이 종을 이해할 수 있게 해준다. 이 종이 얼마나 많은 장소에 퍼져 있는지, 이 종이 야밤에 사무실 청소를 하거나 매일 TV 뉴스 원고를 쓰는 사람들에게 어떻게 손을 뻗치는지 파악하는 건 중요하다.

이미 오랜 과거부터 성폭력에 노출되어 있었던 여성들은 언제나 자신들의 입장이 있었고 사실을 고수했다. 다만 폭행을 저지른 남성들과 공범자들이 이야기를 손보았고, 그 여성들의 말을 경청하고 신뢰해야 할 업계도 이들의 말을 무시했을 뿐이다. 이런 견지에서 본다면 앞서 소개한 웰런의 트윗은 이

종을 이해하기에 매우 적합한 기준표본이었다고 할 수 있다.

2018년에 출간된 타라 웨스트오버Tara Westover의 『배움의 발견』Educated에서 저자는 근본주의 모르몬교도이자 생존주의자이며 지독한 가부장제를 유지한 가족 이야기를 고백한다. 오빠는 타라와 그녀의 언니에게 잔인한 신체적 폭력과 심리적 학대를 가해왔고 온 가족이 그 장면을 목격했으면서도 자매에게 현실을 부정하라고 요구한다. 두 자매에게 현실을 인지하는 능력을 버리라고, 본인들의 기억을 신뢰하지 말라고, 무엇이 진실인지 결정하는 권리는 내려놓으라고 했다. 남성의 권위가 유지되려면 남성의 말은 절대적으로 타당하고 합리적이라는 픽션이 필요하고 그 픽션을 위해서 모든 사람이 아는 사실이 부정되어야만 한다. 남성의 털끝 하나도 손상되지 않아야 하고 학대할 권리가 유지되어야 한다. 그러면서 안에 있는 모든 사람은 미쳐간다. 결국 그들 모두 실제로 일어난 일을 부정하게 되기 때문이다. 어떤 가정에서는 오웰의 다음 문장이 적용되기도 한다. "전쟁은 평화다. 자유는 노예화다. 무지는 힘이다." 권위주의 또한 집에서 시작된다. 웨스트오버의 처절한 고백록을 읽으면서 처음에는 충격을 받았으나 곧 나를 포함해 많은 여성들이 이와 크게 다르지 않은 경험을 해왔음을 깨달았다. 다만 웨스트오버의 고백이 더욱 선명하고 극단적일 뿐이다.

웨스트오버는 가족에 대한 기억이 어떻게 변해갔는지에 대해 이렇게 썼다. "불길하고 기묘해졌다. (…) 이 괴물 아이가 한달 동안 내 꽁무니를 따라다니자 나는 그 아이를 쫓아낼 논리를 만들어야 했다. 아무래도 내가 미친 것 같다고. 내가 미쳤다면 이 모든 것이 앞뒤가 맞다. 만약 내가 정상이라면 절대 앞뒤가 맞지 않는다." 여기에서의 "앞뒤가 맞다"라는 말은 그녀 가족 이야기의 보다 공식적이고 받아들일 수 있는 버전과 부합한다는 뜻이다. 이후 권위에 굴복하지 않은 다른 가족의 증언과 외부인의 목격, 그리고 또다른 외부인의 말을 들으며 그녀는 자신이 정상이고 그 기억 속 사건이 실제로 일어났다는 사실을 깨닫게 된다. 그녀의 책은 아버지의 망상과 광신으로 정의되는 가정의 영역에서 나와 더 넓은 세상으로 들어가면서 독자적으로 지각하는 능력을 갖추게 되는 이야기다.

이 사회 또한 소름 끼치는 두 얼굴을 갖고 있다. 우리는 공식적으로는 강간과 희롱과 추행과 학대를 규탄한다는 입장이지만 "우리" 중 너무나 많은 이들이 어떤 일이 일어났는데도 그 일이 일어나지 않았다고 주장한다. 이 주장의 근거는 대체로 남자들은 객관적이고 여자들은 주관적이라는 픽션이다. 여자들은 너무 주관적이다 못해 미쳤을 수도 있고 망상에 빠지기도 쉽다는 픽션이며 혹은 사건이 일어났을 때 몸을 가누지 못할 정도로 취해 있었으니 다른 사람으로 착각했을 것이라는 주장이다. 웨스트오버는 이 시스템 속에서 여성들 스스로도 강요된 사실을 믿게 되고 때로는 서로에게 믿으라고 요구할 수도 있음을 알려주는 수많은 여성들 중 한명이다.

TV 시트콤 작가 메건 갠즈Megan Ganz는 상사에게 오랜 기간 성희롱을 당했고 2018년 1월 그 상사는 자신이 한 행동을 모두 인정하며 이례적으로 진심 어린 사과문을 발표했다. 갠즈는 두가지 이유로 그 사과문을 읽고 감격했다고 말했다. 하나는 "그 사람이 실제로 일어난 일을 말하는 걸 들었을 때 느낀 안심이었다. 나는 꿈을 꾼 게 아니었다. 미친 게 아니었다." 또 하나가 있었다. "나는 나의 재능을 믿는 데 몇년이나 걸렸다." 갠즈가 순수하게 능력을 갖추었기에 그 상사에게 칭찬과 기회를 받은 것인지, 아니면 그 기회 또한 작업의 일부였는지 애매모호한 메시지를 자주 받았기 때문이다. 다시 말해서, 우리가 종종 학대의 결과라고 설명할 수 있는 트라우마를 꺼내 풀어보면 언제나 피해자가 스스로 자신의 인식과 역량을 깎아내리고 있음을 알 수 있다. 그로 인해 사회생활과 전문적인 영역에서 본인의 원래 능력을 충분히 발휘하지 못하는 결과로 이어진다.

우리 사회는 진실을 귀한 자산으로 정의한다. 어떤 이들은 태어날 때부터 진실을 소유할 권리가 있고 다른 이들은 그렇지 못한 것처럼 말하기도 한다. 실제로 어떤 일이 발생했는지, 누가 성폭행을 당하고 누가 누구를 린치했고 어떤 증거가 나타나는지도 상관없다. 소설 『앵무새 죽이기』*To Kill a Mockingbird*는 흑인 남성이 진실을 소유할 수 있는지를 묻는 소설로 만약 백인이 백인들 사이에서 그 흑인을 지지하려고 할 때는 작은 도움밖에 줄 수 없다는 만족스럽지 못한 대답을 얻는다. 또한 이 소설에는 강간에 대해 거짓말하는 여성이 등장하는데 이는 뉴스에서, 대중문화와 문학에서 너무나 자주 되풀이되면서 그릇된 인식을 조장하는 테마이기도 하다. 2018년 말 『뉴욕 타임스』 사설에 따르면, 교육부 장관 벳시 디보스*Betsy DeVos*는 성폭행 무고죄 사례를 들면서 캠퍼스 내 성폭력에서 피해자를 보호하는 법인 '타이틀 나인' 폐지를 지지했다. 캠퍼스 강간은 다른 종류의 강간과 마찬가지로 손쓰지 않으면 걷잡을 수 없이 퍼지고 허위 신고는 매우 드물게 발생한다. 물론 같은 권력 구조 안에서 상류층 엘리트 백인 남성이 당한 고소는 쉽게 취하되고 비엘리트 흑인 남성들의 억울한 누명이 곧바로 유죄 판결로 이어지기도 한다.

　권력자 남성들은 다른 권력자 남성들의 힘을 키워주기로 작정한 듯하다. 그들의 목소리를 실을 지면을 주거나 여성을 공격한 남성을 열심히 방어해주기도 하고 육체적 폭행을 당했거나 그런 이들을 위해 나선 여성들에게 언어 공격을 퍼붓기도 한다. 최근에 여러 뉴욕 언론사에서 이런 행태를 자주 보았다. 『뉴욕 리뷰 오브 북스』*New York Review of Books*의 편집장은 성범죄 가해자인 지안 고메시*Jian Ghomeshi*가 무려 7,000자로 자신의 폭력의 유구한 역사와 그 결과에 대해 변명을 늘어놓는 것이 적절하다고 보았다. 캐나다 라디오 쇼의 인기 진행자였던 고메시는 여성의 목을 조르는 등의 폭행을 했는데 이 이야기가 터지기 4년 전부터 미리 거짓말을 하고 있었다. 그가 페이스북에 올린 장광설에서 자신이 억압받는 성적 소수자이며 BDSM(가학피학성 사도마조히즘 성애자)의 취향을 가졌다는 이유로 낙인이 찍혔다고 말했다. 하지만 실제 BDSM들은 그들의 성적 행위에는 동의가 핵심이라 지적했고, 그를 고소했던 여성들은 그가 아무런 경고나 동의 없이 갑작스럽게 때리거나 목을 졸랐다고 고백했다. 고메시의 글이 커버로 등장한 『뉴욕 리뷰 오브 북스』의 해당 호는 "남성의 몰락"이라는 제목으로 장식되어 있다. 이 문구는 여성의 상승을 유감스러운 일로 보게 만드는 프레임이다(그리고 악의적 범죄로 기소된 한 남자에게 일어난 일을 모든 남자의 상징처럼 이야기하고 있기에 남성들에게도 우울한 관점이 아닐 수 없다).

온라인 잡지 「슬레이트」*Slate*의 아이작 초티너*Isaac Chotiner*는 『뉴욕 리뷰 오브 북스』의 편집장인 이언 부루마*Ian Buruma*에게 고메시의 혐의를 물으며 "여성들의 의사에 상관없이 여성들을 때린" 부분을 언급했다. 부루마는 사건과 관련 없는 모호한 몇문장으로 대답하며 진흙탕에 휴지 던지듯이 스리슬쩍 상황을 모면하려 했다. 그는 말했다. "의혹은 있습니다. 하지만 우리 둘 다 알다시피 성적 행위에는 여러 단면이 있어요. 이를테면 깨무는 걸 예로 들어보죠. 사람을 무는 건 공격적이고 때로는 범죄적인 행위가 될 수도 있습니다. 그러나 다른 조건에서는 완전히 다르게 해석될 수 있어요. 나는 그의 행동을 판단하는 사람은 아닙니다.'' '내가 판사는 아니지 않으냐'라는 말은 언뜻 보면 합리적이고 진보적으로 보이지만 이 문장 안에서라면 이런 의미가 된다. '그 여자들이 무슨 말을 했는지는 나와 상관없다. 내가 무지하거나(무지도 힘이다) 아니면 무관심해서이다. 나는 그 사실을 듣고 싶지 않다.'

여러 피해자의 고소가 이어졌으나 법원에서 고메시의 변호사는 혐의를 철저히 부인하고 피해자들을 비난했다. 법정 공방에서 최종 판결은 정확한 진실이 아니라 누가 더 강하게 주장할 수 있는지에 따라 결정될 수 있다. 법정 밖에서는 말하기가 두렵거나 꺼려져서 망설이는 여성들의 이야기들이 흘러나왔다. 이 여성들이 기자들에게 사실을 털어놓는다 해도 기자가 기사화할 수 있다고 판단할 만큼 충분한 근거가 있어야 한다. 여성들은 자신이 당한 사실과 똑같은, 갑작스러운 폭행을 당한 다른 여성들이 있다는 사실을 알지 못했다. 고메시는 그런 조건에서 거짓말을 할 수 있었다. 그런데 고메시의 증언은 어떻게 그렇게 쉽게 신뢰할 수 있었을까? (이쯤에서 다른 죄인들이 그러는 것처럼 성적 학대와 젠더 학대의 가해자는 일상적으로 거짓말을 한다는 사실을 기억하는 편이 좋겠다.) 지트 히어Jeet Heer는 『뉴 리퍼블릭』*New Republic*에 이렇게 썼다. "『뉴욕 리뷰 오브 북스』는 지안 고메시가 자신의 과거를 세탁하도록 허락했다. (⋯) 자기 연민으로 범벅된 이 개인적인 변명에 후폭풍이 크리라는 점은 예상했겠지만 결국 이 기사의 자기중심적인 접근 방식은 사건의 진실 또한 흐릿하게 할 수 있었다."

아프리카에는 이런 속담이 있다. "사자가 글 쓰는 법을 익히기 전까지는 모두가 사냥꾼을 칭송한다." 하지만 암사자가 글을 쓸 줄 알고 아무리 글을 기차게 쓰더라도 편집장들이 사냥꾼의 버전을 더 선호한다면 어찌 될까? 기본적인 조건이 암사자의 입을 다물게 하는 것이고 사냥꾼의 책임을 회피시켜주는 것이라면? 『하퍼스』*Harper's* 2018년 10월호는 성희롱으로 비난받고 있던 전 NPR 진행자인 존 호켄베리John Hockenberry의 에세이를 실어주었다. 비슷한 시기에 잡지 『뉴욕』*New York*은 우디 앨런의 성추행 사건의 사실들을(이미 양육권 판결문에 묘사되어 있었다) 왜곡하는 기사를 발표해 딜런과 미아 패로우Mia Farrow를 다시 한번 비방했다. 그 기사는 앨런의 아내 순이 프레빈Soon-Yi Previn의 인터뷰 기사로 보였지만 기사 속에서 그녀는 앨런의 대변자가 되었고, 자신의 이익과 성격은 거의 표현되지 않았다. 자신의 이야기를 할 것처럼 발표해놓고 결국 남자를 변명하고 다른 여성들을 공격하는 도구가 되어버린 기사를 읽는 체험은 충격적으로 실망스러웠다.

『뉴욕 타임스』는 다른 사냥꾼이 어떻게 암사자를 사냥하려 했는지 보도했다. "50년 동안 CBS의 보도 프로그램 「60분」[60] Minutes의 제작을 총괄했던 프로듀서 제프 파거Jeff Fager는 CBS 기자 제리카 덩컨Jericka Duncan을 협박하는 문자를 보내 해고를 당했다. 덩컨은 파거와 문베스에 대한 성추행 혐의를 제기하려던 중이었다." 리베카 트레이스터Rebecca Traister는 미투 이야기들이 쏟아지던 초기인 2017년에 이렇게 썼다. "우리는 오랜 경력 기간 중 여성의 신체와 정신을 학대할 수 있는 권력을 지닌 사람들이 우리의 정치와 문화를 책임지는 사람들과 동일 인물이라는 사실을 이제야 보고 있다." 정치와 연예계 안에서 모든 이야기는 거의 남성 중심으로 돌아가고 — 텔레비전 방송국의 여성들은 문베스가 그들의 입을 어떻게 막으려 했는지 설명했다 — 남성의 적법성을 우선한다.

스벤 포크비어드Sweyn Forkbeard의 아들이며 노르웨이와 덴마크, 잉글랜드의 왕이었던 크누트 대왕Canute the Great에 관한 유명한 전설이 있다. 어느날 그는 바닷가에 서서 파도를 향해 멈추라고 명령했다. 그가 신하들에게 전하고자 했던 바는 자신이 실제로 파도를 움직일 수 있을 정도로 전지전능한 신이 아니라는 점이었다. 이 설화는 그가 사실 앞에서 자기 세력의 한계를 인정한 진실한 정치가였다는 이야기로도 읽을 수 있다. 아마 독재자라면 바다 또한 그에게 복종했다고 우겼을 수도 있다. 실제로 어떤 대통령은 푸에르토리코에서 3,000명의 시민이 죽지 않았다고 주장하기도 하고,• 어떤 정부는 해수면이 상승하고 있다는 뉴스를 내보내지 못하게 한다—2012년 사우스캐롤라이나 주정부는 실제로 다음과 같은 내용을 구체화하는 법안을 통과시킨 바 있다. "연안자원위원회와 환경자연자원부 해안 관리부서는 2016년 7월 1일 전까지는 규제를 목적으로 해수면의 상승 속도를 밝히는 작업을 할 수 없다."

권력자들은 자신의 힘이 현실을 지배할 수 있다고 가정한다. 타라 웨스트오버의 가족들이 그랬듯이, 빌 코즈비와 문베스와 지지자들이 그랬듯이 말만 바꾸면 현실을 주무를 수 있다고 생각한다. 부시 정권의 백악관 정치 고문이었던 칼 로브Karl Rove는 부시 행정부가 권력의 정점에 있을 시기에 "현실을 기반으로 한 조직"을 비웃었던 것으로 유명하다. 현재 대법관으로 지명된 브렛 캐버노는 그 체제를 유지하기 위해 사

• 2017년 9월 미국령인 푸에르토리코에서 허리케인으로 시민이 3,000명 넘게 죽었지만 트럼프는 한번도 사실을 인정하지 않았다. —옮긴이

방팔방 뛰었던 인물로 대량 살상 무기라는 상상 속 무기와 전쟁을 일으켰고 진실을 고문할 뿐인 고문을 피해자에게 유용한 정보를 이끌어내는 도구라고 상상한 사람이기도 하다. (2006년에 캐버노는 청문회에서 당시에 자행된 고문과 자신은 아무 관련이 없다고 부정했지만 어떤 이들에 따르면 그때도 그는 거짓말을 했다.) 미국의 대통령은 자기의 뻔뻔한 고집이나 공격성만 있으면 현실을 우격다짐으로 지배할 수 있다고 확신하는 듯한데 이런 행동을 우리는 그저 망상으로 치부해선 안 된다. 이 인물들에게는 이런 억지가 효과가 있기 때문이다. 무지는 곧 힘이다.

크누트 대왕이 위대한 이유는 존재하지도 않는 새 옷을 신하들이 숭배하게 만든 벌거벗은 임금님이 아니었기 때문이다. 그는 사실을 통제할 수 없음을 인정했다. 반면 한스 크리스티안 안데르센Hans Christian Andersen의 동화에서는 사람들이 허위와 권력자의 부정에 얼마나 쉽게 물들 수 있는지 그려진다. 물론 그 동화에서 적어도 벌거벗은 임금님은 바보이지 사기꾼은 아니다. 하지만 비슷한 상황에서 너무나 많은 남자들이 자신의 동료는 티 한점 없이 결백하고, 그 결백한 동료를 비난하는 이들의 말은 신뢰할 수 없다고 주장한다. 그나마 번쩍거리는 새 옷도 아니고 낡은 누더기인데도 강제로 칭찬하라고 말한다.

특정 여성들의 신뢰도를 떨어뜨리고 이 여성들은 믿을 수 없는 발화자이며 남성들이 진실을 책임지고 있다는 식의 서사를 조작하는 이들은 임금님의 낡은 누더기들이다. 나는 그 낡은 옷들을 태워 없애버리고 싶다. 그때까지는 기준표본을 수집해가면서 내 능력이 닿는 한 최선을 다해 이 끔찍한 혼돈에 대한 진실을 말하려 한다. 혹은 어떻게든 지도를 그리거나 길을 만들어보려 노력할 것이다.

포드 박사님, 당신이라는 지진을 환영합니다

크리스틴 블레이시 포드 박사님에게

당신에게 감사 인사를 하고 싶어 이 편지를 씁니다. 당신이 얼마나 참담한 일을 겪었는지 가늠할 수 없고, 몇주 후에 미 상원의원들이 어떤 결정을 내릴지 아직 알 수 없지만, 당신은 막강한 힘과 영향력을 지닌 위대한 일을 성취해 우리 모두의 삶을 이롭게 해주었습니다. 당신의 행동과 말은 다음 두 영역에 파문을 일으키게 될 것입니다. 먼저 상원, 그리고 공적 담론과 사회적 가치라는 광범위한 영역입니다. 애니타 힐의 경우처럼 당신의 말은 전자에서는 무시되었을지라도 후자의 영역에서는 앞으로 도래할 시간에 큰 메아리가 될 것입니다.

당신은 이 시련을 앞두고 이렇게 말했습니다. "나는 결국에 목적지에 도착하게 될 기차에 몸을 던져 뛰어들지, 아니면 개인의 완패를 인정하고 조용히 숨어 있을지 고민했습니다." 당신을 향한 악감정을 전혀 숨기지 않은 채 의심의 눈초리를 보내면서 당신을 공격했던 남자를 열렬히 지지하는 그 사람들 앞에서 당신은 패배감과 절망감을 느꼈을 수도 있습니다. 전국민 앞에서 가장 깊은 트라우마 속으로 들어간다는 건 상상했던 것보다 더 험난한 시련이었을 것입니다. 하지만 당신은 완패당하지 않았습니다. 당신의 말이 증폭되며 더 큰 힘을 불러내었습니다.

성폭력은 피해자의 목소리를, 거부 의사를, 거부에 의미를 입히는 것을 거부합니다. 당신은 그의 손이 입을 막았다고 서술했고, 침묵을 강요당한 경험이야말로 직접적인 폭력입니다. 생존자의 목소리를 듣기를 거부하는 사회, 자신이 직접 겪은 경험을 증언할 능력을 부정하는 사회는 피해자를 향한 반감을 형성해 그들이 앞에 나서지 않게 막고 여성과 피해자들을 지우고 다시 우리를 지웁니다. 하지만 당신에게는 목소리가 있었고 이 목소리가 전세계에 울려 퍼지게 하면서 대법관에 어울리지 않을 뿐만 아니라 대법관의 덕목, 즉 정직, 신뢰, 평정, 공명정대, 타인의 권리에 대한 존중을 지니지 못한 인물에 반대하며 이 나라를 지키기 위해 노력했습니다. 당신의 목소리는 떨렸을지 모르지만 당신의 진실은 앞으로 행진했습니다.

애니타 힐은 단 하나의 방면에서만 졌습니다. 클래런스 토머스가 적합하지 않은 자리에 임명되는 것을 막지 못한 것입니다. 하지만 그녀의 성취는 단 한가지 기준으로만 평가할 수 없습니다. 그녀의 영향력은 그녀의 목소리처럼 모든 방향으로 퍼져 나갔습니다. 성희롱에 대한 전국민적인 논의를 촉발시켰고, 그 절실하게 필요한 논의는 이 국가의 수백만명의 여성들에게 이익을 주는 결과를 낳았으며, 이후 직업전선으로 나아갈 다음 세대 여성들의 든든한 지원군이 되었습니다. 그녀는 권력의 불공평한 분배를 조정했습니다. 이 문제가 단번에 해결될 만큼 큰 조정은 아니었지만 분명 중대한 변화였습니다.

애니타 힐이 그 일을 할 수 있었던 이유는, 당신과 마찬가지로, 본인의 경험을 본인이 끝까지 붙잡고 놓지 않았기 때문입니다. 많은 언론과 일부 상원의원 들은 클래런스 토머스가 아니라 애니타 힐이 주관적이고 신뢰할 수 없고 어쩌면 망상에 빠진, 어쩌면 복수심에 불타는 여자로 취급하기까지 했습니다. 그러나 힐은 결코 끌려가지 않았습니다.

심리학 연구자인 당신은 아마 우리 대부분보다 더 잘 알고 있을 것입니다. 신뢰도가 있다는 것, 즉 믿을 수 있는 사람으로 여겨지는 일은 한 가정 안에서, 대학에서, 일터에서, 사회에서 일원으로 살아가는 데 가장 중요한 부분입니다. 애니타 힐의 증언과 상원의 반응은 사회가 여성에게 어떻게 이 기본적인 힘과 권리와 공정한 기회를 빼앗는지, 혹은 애초에 그 능력을 갖추지 못하거나 자격이 없다고 여기는지를 만천하에 보여준 일이었습니다.

애니타 힐의 증언 이후 직장 내 성희롱에 대한 논의가 벌어지면서 사회적 문제로 대두되었습니다. 직접적으로 경험하지 않은 이들은, 적어도 들을 준비가 되어 있는 사람들은 성희롱이 얼마나 숨 쉬듯 자주 일어나며 그럼에도 왜 여자들이 털어놓거나 보고하지 못하는지도 알게 되었습니다(최근의 조사에서도 성희롱을 알렸을 때 오히려 불이익을 당할 수 있다는 사실을 보여줍니다). 애니타 힐 이후에 성희롱 보고 건수는 극적으로 증가했는데 이는 곧 성희롱 대상이 된 여성들이 그동안 어떤 취급을 당했는지 인식하고 해법을 찾으려 시도했다는 점을 의미합니다.

기억하는 사람이 많지 않지만 1991년에 통과된 민권법은 다음과 같은 목표를 두고 있었습니다. "직장 내 의도적인 차별과 불법적 희롱에 대한 적절한 대처법을 제공한다." 특히 "고용자나 업장이 인종, 피부색, 종교, 성별, 국적을 기반으로 차별 행위를 할 때" 이 법을 적용할 수 있었습니다. 이듬해 치러진 중간 선거에서 사상 최대의 여성 후보들이 출마해 정계에 진출했고 "미 의회 여성의 해"로 명명되기도 했습니다. 애니타 힐의 증언이 일으킨 파도는 멀리 퍼져 나갔습니다.

포드 박사님, 당신 증언의 결과를 예상하기에는 아직 이르다는 것을 알고 있습니다. 물론 당신과 캐버노 판사 사이의 공방이 미투 운동의 시험대였다는 언론의 주장이 끊임없이 나오고 있습니다(내 에세이의 헤드라인까지도 그런 방식으로 프레임 했습니다). 하지만 이 프레임에는 많은 문제가 있습니다.

먼저 지난 50여년을 거슬러 올라가는 여성의 권리와 평등을 위한 프로젝트에서 미투 운동이 성과를 낸 건 단 한해뿐이었습니다. 한가지 기준으로 보면 50년 중 한해이고 다른 기준으로 따지면 180년 만에 한번이었다고 할 수도 있습니다. 또 중요한 이유는 이 모든 것이 변화시키고자 하는 대상은 수천년 이상 지속된 가부장제라는 제도이기 때문입니다. 성공의 잣대는 지난 50년 동안 성취해온 법적·문화적 변화이지 지난 한해 우리가 모든 사람과 모든 것을 바꾸었는지가 아닙니다. 우리는 아직 모든 것을 바꾸지 못했습니다. 그러나 그 점이 우리가 많은 것을 바꾸어왔다는 사실을 과소평가하지는 못합니다.

'우리'라는 단어 앞에서 질문하게 됩니다. 이 상황에서 '우리'는 없습니다. 많은 이들이 있습니다. 이 뉴스에 공감하고 이입하는 사람들, 대화에 참여하는 사람들, 성폭력과 여성 대상 폭력이 얼마나 만연한지를 이해하는 사람들입니다. 성폭력뿐만 아니라 다른 종류의 젠더 차별 범죄의 생존자들이 있습니다. 우리는 아주 많은 사람들이고, 이에 대해 뼈에 사무칠 정도로 알고 있는 사람들입니다. 그리고 또다른 '우리'가 있습니다. 이 문제를 대수롭지 않다고 믿으려는 사람들, 끝없이 쏟아지는 이야기들을 듣지 않겠다고 귀를 막는 사람들이요. 이런 다른 생각들이 이 국가와 사회를 양분하고 있습니다.

"용기에는 전염성이 있다." 포드 박사님 당신의 증언 앞에서 상원의원 패트릭 레이히Patrick Leahy는 말했습니다. "당신이 공유한 이야기는 영원히 발자국으로 남게 될 것입니다. 우리는 당신에게 감사의 빚을 졌습니다." 당신은 공간을 열어 수천명의 사람들이 들어와 말하고 더 많은 사람들이 그 공간에 들어올 수 있도록 했습니다. 성폭력은 피해자의 침묵 안에서 거침없이 자라나고 지난 몇주는 침묵이 깨진 시간이었습니다. 고생물학에는 **단속평형설** punctuated equilibrium이라는 용어가 있습니다. 지구의 생명체는 서서히 점진적으로 진화하는 것이 아니라 장시간 중간형이 나타나지 않다가 짧은 기간 급격한 변화에 의해 완전히 다른 모습이 된다는 것입니다. 페미니즘 또한 단속평형설의 증거가 될 만한 사례들이 많습니다. 1991년의 애니타 힐 청문회에 대한 반응 그리고 최근 몇년간 있었던 다수의 추악한 사건들에 대한 반응은 사회의 전망을 뒤흔들었고, 포드 박사님, 당신은 우리가 환영하고 싶은 반가운 지진입니다.

당신은 가슴을 울리는 이야기를 전하면서 수많은 목소리가 공명할 수 있는 공간을 만들었고, 그 공간에서 많은 이들은 아마 최초로 자신의 이야기를 꺼내게 될 것이며, 그 이야기는 다시 한번 흔들렸던 균형을 맞추게 될 것입니다. 당신이 이역할을 원치 않았다는 걸 압니다. 하지만 당신은 앞으로 나서야 할 의무를 느꼈고 나와서 말을 시작했습니다. 그 점에서 당신은 수백만명의 영웅입니다. 나는 당신이 협박과 공격에도 이 일이 얼마나 중요했는지 느낄 수 있기를, 그리고 그 협박과 공격이 일어나는 이유는 당신이 한 일이 너무나 중대하기 때문이라는 사실을 부디 알게 되길 소망합니다. 이제는 유명해진 동영상이 있지요. 엘리베이터에서 상원의원 제프 플레이크Jeff Flake에게 두 여성이 맞섰고 한명은 이렇게 질문합니다. "캐버노가 이 나라의 시련을 이해하고 바로잡을 수 있을까요? 그것이 정의의 역할이 아닙니까?" 우리 대다수에게는 그가 그런 일을 해내지 못할 사람으로 보입니다. 어떤 면에서 당신은 정의를 실천했습니다. 나는 수백만을 대표해 말하려 합니다. 진심으로 감사합니다.

여성들의 이야기가 절대 멈추지 않기를

페미니즘이 앞으로 한걸음 나아가는 방식이 매번 충격적인 사건 하나가 터지고 떠들썩한 반응이 이어지는 식이라면 분명 문제가 있다고 할 수 있다. 이는 단 한명의 가해자, 단 하나의 사건에만 초점을 맞춘다. 우리 사회의 여성혐오가 일상임을 인식하지 못하는 사람들은 이런 사건은 법칙이 아니라 예외일 뿐이라는 주장에 맞는 서사를 짜내고, 인간의 탈을 쓴 악마의 행동일 뿐이라 결론짓고 넘어가려 한다. 하비 와인스틴은 진보파 할리우드 사람이라 그렇고 로이 무어Roy Moore와 빌 오라일리는 보수의 전형이라 그러했고 가정 폭력 전과를 가진 집단 살인마는 참전 군인이나 독거 남성의 전형 혹은 정신병자의 전형적인 모습이라고 말한다. 이 모든 사건은 사회의 패턴에서 벗어나는 오점이지 패턴 자체가 아니라고 말한다. 그러나 여성 대상 범죄는 일탈이 아니라 일반으로 보아야 한다. 이 사회를 구성하는 다른 악습과 마찬가지로 이 사회에는 여성혐오가 깔려 있고 특정 사건은 여성혐오가 형성되고 여성혐오의 한계가 명백한 사회에서 일어난 사건이다.

물론 모든 남자가 그런 건 아닐 것이다—남자들에게 이 사실을 계속 확인시켜주어야 한다. 우리의 생명이 걸린 문제를 이야기할 때조차도 여전히 남자들의 기분이 상하지 않았는지 살펴야 한다. 그러나 모든 남자는 아닐지라도 여자들에게 실질적으로 영향을 줄 만큼은 충분히 많은 남자들이 그렇다. 그리고 어쩌면 다른 방식이긴 해도 모든 남자가 그럴 수도 있는데, 우리는 필연적으로 이 사회의 주조물이기 때문이다. 케빈 스페이시Kevin Spacey를 비롯한 일부 사례가 말해주고 있듯이 대부분 가해자는 남성이지만 다른 남성과 소년이 피해자가 되기도 한다. 그들은 포식자로 길들여지면서 비인간적으로 변하고 우리는 피해자로 길들여진다. 이 모든 상황을 비정상으로 인식해야 우리 자신을 인간답게 만들 수 있다.

여성은 수많은 시간을 생존을 위해, 신체적 안전과 인간다움을 지키기 위해 집과 거리에서, 직장과 파티에서, 이제는 인터넷에서 타협해야 한다. 이런 이야기들이 한꺼번에 쏟아진 건 『뉴요커』와 『뉴욕 타임스』가 장기간 묵인되어왔던 와인스틴의 사건을 터트린 이후였다. 뉴스에서는 유명한 여성들이 유명한 남성들에게서 벗어나지 못한 이야기가 터지고 소셜미디어에서는 그리 유명하지 않은 여자들이 이 세상 곳곳에 있던 학대자 무리에 대해 말을 꺼냈다. 성폭행, 성추행, 직장 내 성추행, 가정 폭력에 관한 이야기들이 줄줄이 이어졌다.

이런 이야기들은 우리가 소위 '괜찮은 남자들'이라고 불러야 할 많은 남자들 사이에서 충격을 불러일으킨 듯 보인다. 이들은 자기는 이 사태에 전혀 관여한 바 없다고 확언한다. 하지만 무지 또한 용인의 한 형태로, 이들은 색맹 사회에 사는 척하며 여성혐오는 이미 오래전에 극복한 유물처럼 말하기도 했다. 내 주변 사람들이 어떻게 살고 죽고 또 왜 그렇게 살고 죽는지 알려는 노력을 전혀 하지 않는다고도 할 수 있다. 과거에도 이런 종류의 이야기가 터졌었다는 사실을 무시하거나 망각했다고도 할 수 있다. 1980년대에는 성폭행, 특히 아동 학대에 관한 뉴스들이 쏟아져 나왔다. 1991년에는 애니타 힐의 청문회가 성희롱을 일깨웠다. 그 이후 오하이오주 스튜번빌 집단 성폭행이 있었고 2012년 후반 뉴델리의 강간 고문 살인 사건도 있었다. 2014년 아일라비스타에서 총기 난사 사건도 있었다. 이럴 때마다 다시 한번 꺼내 보게 되는 제임스 볼드윈James Baldwin의 문장 하나가 있다. "범죄의 구성 요소 중 하나는 순진함이다." 1960년대 인종주의적 범죄와 폭력 사태를 보지 않기로 한 백인들을 묘사한 말이다.

우리 주변 상황을 보지 않으려고 하는 남자들에게도 같은 말을 할 수 있다. 이 나라는 여성들이 11초에 한번씩 폭행을 당하는 나라이다. 『뉴잉글랜드 의학 저널』*New England Journal of Medicine*에 따르면 "가정 폭력은 미국에서 여성이 당하는 부상의 주요 원인이다." 미국에서 여성 살인 사건의 3분의 1이 남성 파트너와 과거 파트너 들에 의해 일어난다. 1년에 수백수천건의 성폭행 사건이 일어나지만 그중에서 유죄 선고나 처벌을 받는 가해자는 전체의 2퍼센트가 되지 않는다. 빌 코즈비가 자신의 힘을 휘두르고 다녔던 사회는 60여명 이상의 여성들을 침묵시킬 수 있는 사회였고 그의 범죄 행각은 무려 50여년 동안 저지되지 않았다. 와인스틴은 109명 이상의 여성들을 폭행하고 추행했으나 피해자 대부분은 이 조직이 무너지거나 변하기 전까지는 의지할 곳을 찾을 수 없었다. 트위터는 와인스틴의 전화번호가 포함되어 있을지도 모르는 트윗을 올렸다며 그 즉시 로즈 맥고완*Rose McGowan*의 계정을 일시 정지시켰지만, 대안 우파 매체의 편집장인 잭 포소비엑*Jack Posobiec*이 열네살 때 로이 무어에게 당한 성폭행을 알린 여성의 직장 주소를 올렸을 때는 아무 조치도 취하지 않았다. 트위터는 앞으로 나서서 말하는 여성들을 향해 무수한 협박이 일어나도 손 놓고 구경만 하고 있었다.

여성이 당하는 협박과 폭행과 성폭력과 강간 사태에 대해 잊고 있는 사실이 있다. 우리는 이 일이 끝나기 전에 살해당

할 수 있다고 생각한다. 적어도 나는 그랬다. 또한 두번째 종류의 협박이 있으니 "말하면 가만두지 않는다"이다. 당신의 폭행범, 혹은 그가 한 짓과 당신에게 필요한 것을 듣고 싶어 하지 않는 사람들이 그렇게 말한다. 가부장제는 이야기를 제거하고 그 이야기의 힘을 유지하려는 여성을 제거한다. 당신이 여성으로 살아왔다면 이런 사회 풍조가 당신의 성격을 형성했을 것이다. 이 사회는 당신을 흠집 낸다. 당신은 가치가 없다고, 아무도 아니라고, 소리를 내선 안 된다고, 이 사회는 당신이 살기에 안전하거나 평등하거나 자유로운 세상이 아니라고 말한다. 당신의 인생은 다른 누군가가 당신에게서 훔쳐 갈 수 있다고, 때로는 처음 본 사람도 당신이 그저 여자이기 때문에 당신의 인생을 훔쳐 갈 수 있다고 말한다. 내내 다른 방향으로 눈을 돌리고 있다가 당신을 비난한다. 사회 자체가 여성이라는 사실만으로 벌을 받을 수 있게 만들어진 시스템이다. 이런 일들에 침묵하는 것이 기본 태도였다. 페미니즘은 계속해서 이 침묵을 깨려고 노력해왔고 침묵을 깨고 있다.

각각의 개별적인 행동은 개인의 증오나 자만심에 물든 남자, 혹은 둘 다를 갖춘 남자에 의해 일어나지만 이런 행동은 사회와 동떨어져 일어나는 행동이 아니다. 이런 행동들이 누적되면서 여성이 움직이고 말할 수 있는 공간이 줄어들고 우리가 공공장소나 사적 영역, 직업적 영역에서 힘을 얻을 기회가 사라진다. 대다수의 남성들은 이런 일을 직접적으로 자행하지는 않지만, 그나마 뒤늦게 논의된 바에 따르면 그들은 이 안에서 혜택을 얻는다. 그들의 경쟁자를 쉽게 쓰러뜨리기도 한다. 운동장 안에 마리아나해구를 파놓은 다음 우리에게 이 광장은 평평한 운동장이라 말한다. 플로리다해협을 횡단한 장거리 수영 선수 다이애나 니아드Diana Nyad는 열네살 때부터 자신을 성폭행한 올림픽 챔피언 수영 코치를 고발했다. 자신이 겪은 고통을 털어놓고, 그 사건이 자신의 인생을 얼마나 바꾸고 정신 건강을 얼마나 해쳤는지 고백했다. "나는 그 폐허 안에서도 살아남았다. 하지만 나의 어린 시절은 그 전과 후로 나뉜다. 나에게는 침묵을 강요하는 것이 성폭행과 동일한 형벌이었다." 언제나 이러한 이야기들이 있다. 내가 아는 이들에게 직접 들은 이야기만 열건이 넘고 듣거나 읽은 이야기는 수백수천건이다.

우리는 신체적 폭력과 폭력 이후의 침묵을 별개의 분리된 사건처럼 취급하지만 결국 이 둘은 같은 사건이라 할 수 있다. 가정 폭력과 강간은 피해자에게는 권리가 없다고 말하는 행위이며 자기 결정권이나 신체적 안전과 존엄이 없다고 말하는 행위이다. 자기 목소리를 잃게 만들고 나의 삶과 나의 운명에 할 말이 없게 한다. 말을 하지 못하면 지역사회와 가족들 사이에서 신임을 잃고, 망신을 당하고, 벌을 받고 쫓겨

나면서 또다시 같은 취급을 당한다. 우디 앨런과 미아 패로우의 아들이기도 한 로넌 패로우는 와인스틴의 정체를 털어놓으려는 맥고완의 입을 막기 위해 고용된 스파이들을 공개했다. 『뉴요커』에 기고하는 작가 에밀리 누스바움Emily Nussbaum은 이렇게 지적했다. "만약 로즈 맥고완이 이 사건에 모사드 스파이까지 동원되었다고 말했다면, 다들 그녀를 정신 나간 여자 취급을 했을 것이다."

왜냐하면 우리는 정상적인 것만 이야기해야 하고, 그런 이야기만 듣기 때문이고, 유망한 남성들이 이 정도로 악의가 있다는 건 정상이 아니기 때문이다. 입증할 수 있는 증거가 뒷받침된다 해도 그렇다. 여성이 자신에게 위해를 가하려 했던 남성 이야기를 하면 너무나 자주 미친 사람 취급을 받거나 악랄한 거짓말쟁이로 매도당한다. 문화보다는 여성을 버스 밑으로 던져버리기가 더 쉽고, 이 버스는 여자들이라는 레드 카펫 위를 지나간다. 트럼프는 그 버스에서 나와 자신이 여자의 성기를 움켜잡는다고 자랑스럽게 떠벌리고도 무사했고 한달도 채 되지 않아 대통령에 당선되었다. 그의 행정부는 성폭력 희생자의 권리가 포함된 여성의 권리를 낫으로 베듯 싹둑 잘라내기 시작했다.

빌 오라일리가 자신의 전력이 드러난 이메일을 삭제하는 대가로 피해자와 3,200만 달러에 합의한 다음 폭스는 그와

재계약했다. 와인스틴 제작사는 계속해서 피해자들에게 뒷돈을 지급했고 합의금을 주고 피해자의 침묵을 샀다. 루이스 C. K.의 코미디 업계 동료 이성애자 남성들은 그를 보호하기 위해 침묵의 벽을 쌓았고 원하거나 동의하기는커녕 불쾌감을 호소하는 여성들 앞에서 이 남자가 자위행위를 계속하도록 내버려두었다. 이 남자가 그 여성들보다 더 중요하고 이 남자의 말이 계속 들리는 것이 그들에게 더 이롭기 때문이다.

어떤 사건이 터지기 전까지는 그랬다. 일부 기자들이 빤히 보이는 곳에 숨어 있었던 이야기를 찾아내었다. 곧이어 이야기들이 쏟아져 나왔다. 출판업자, 요식 업계 사장, 감독, 유명한 작가, 유명한 예술가, 유명 정치 운동가 들의 이야기가 나왔다. 우리는 이제 이 이야기들을 안다. 우리는 2012년 스튜번빌 강간 사건의 피해자가 고등학교 친구들에게 사건을 털어놓았다가 얼마나 큰 괴롭힘과 협박을 당했는지 안다. 학교와 지역의 어른들 넷이 이 범죄를 덮고 기소를 막았다는 사실을 안다. 메시지는 확실하다. 소년이 소녀보다 더 중요하고, 소년이 소녀에게 한 짓은 문제가 되지 않는다. 2003년의 한 조사에서 직장 내 성희롱을 보고한 여성 중 75퍼센트가 보복을 당한 적이 있다고 밝혔다. 처벌해야 할 일을 신고한 사람이 도리어 처벌을 받는 것이다.

우리 일상생활 속에 도사리고 있는 이 끔찍한 벌이 없다면 여성들의 삶이 어찌 되었을까? 우리의 역할과 성취는, 우리의 세상은 어떠했을까? 권력의 자리에 앉은 사람들이 달라졌을 것이고 권력에 대한 사고가 바뀌었을 것이다. 즉 모든 사람의 삶이 달라졌을 것이다. 우리는 완전히 다른 사회에서 살고 있을 것이다. 우리는 지난 150년 동안 점진적으로 변했고 천천히 움직여왔다. 하지만 남북전쟁이 끝나고 오랜 세월이 흘렀어도 흑인들은 지금까지도 여전히 차별받고 있다. 여성은 99년 전에 투표권을 얻었지만 피부색에 상관없이 배척당한다. 물론 흑인 여성들은 이중으로 억압을 당한다. 우리의 서사시와 신화의 주인공이, 영화감독과 언론사 간부가, 대통령과 국회의원과 CEO와 억만장자의 절대다수가 백인 남성이 아니었다면, 우리는 지금 어떤 세상을 살고 있을까? 가장 잘 보이는 남성들이 이야기를 지배했다—라디오 방송국 이사, 영화감독, 대학 학장 들이 그야말로 이야기를 지배했다. 이들의 이야기는 우리가 지나가야 하는 문이었고 그 문은 우리 앞에서 쾅 하고 닫혀버렸다.

물론 우리는 다이애나 니아드에게 찬사를 보내야 한다. 그녀는 강간범 코치를 옆에 두고도 위대한 수영 선수가 되었다. 성추행범 주치의가 있음에도 불구하고 메달을 가져온 미국 체조 대표팀 역시 찬사를 받아 마땅하다. 하지만 여성들을 해치려고 하는 남성들에게 피해를 보지 않았다면, 여성들에게 가하는 위해를 자신들의 권리이자 쾌락으로 여긴 남자들의 범죄가 없었다면, 개인적인 삶에서도 직업적인 영역에서도 지금보다 더 훌륭한 일을 해낸 사람들이 얼마나 많았을까? 우리 사회가 범죄와 범죄자 남성을 정상으로 여기는 것을 넘어 찬양하지 않았다면 우리 모두는 어떤 사람이 되었을까? 우리가 그들을 알기도 전에 누군가의 폭력에 패배해버린 걸까? 이 세상에 자국을 남기기도 전에 이미 사라져버렸을까?

앨프리드 히치콕Alfred Hitchcock 감독의 영화 「새」The Birds의 주인공이었던 티피 헤드런Tippi Hedren은 반세기가 지난 후에야 입을 열었다. 히치콕은 카메라가 꺼졌을 때 성추행을 하고 폭력을 가했고 카메라가 켜지면 막말을 일삼았다. 때로는 "얼굴이 붉으락푸르락해져서" 자신의 접근을 계속 거부한다면 "네 경력을 밟아버릴 거"라 말하기도 했다. 수많은 영화에서 아름다운 여성들을 벌하려는 욕망을 보여주었던 히치콕은 실제로도 최선을 다해 그 일을 했고, 헤드런이 1964년 영화 「마니」Marnie로 오스카 여우주연상 후보에 오르지 못하게 막았다. 이 유명인들은 예외가 아니라 실례이며 우리 학교나 사무실이나 교회나 정치 캠페인이나 가정에서 일어나는 드라마를 그대로 보여주고 있을 뿐이다.

셀 수 없이 많은 여성들이 트라우마나 협박으로 인해, 평가 절하와 배제로 인해 창의적이고 전문적인 능력을 충분히 발휘하지 못하는 세상에서 살고 있다. 여성이 남성과 동등하고 자유롭게 참여할 수 있는 세상이었다면, 우리가 공포 없이 살아갈 수 있었다면 이 세상은 아마 상상을 초월할 정도로 달랐을 것이다. 마찬가지로 미국이 유색인들의 투표권 행사를 방해하지 않았다면, 지금처럼 또한 폭력과 배제와 명예훼손을 상대하지 않아도 되었다면 최근의 선거 결과가 달랐을 뿐만 아니라 그전에 다른 후보와 다른 공약이 나왔을 것이다. 사회의 질감이 완전히 달랐을 것이다. 그래야만 한다. 그것이 바로 정의의 모습이고 평화의 모습이며 최소한의 정의와 평화가 만들어질 기반이다.

리베카 트레이스터와 몇몇 이들은 가해자로 밝혀진 남성의 창의적인 삶이 종말하는 것을 애달파해서는 안 된다는 중요한 지적을 했다. 그보다는 우리가 하지 못했던, 앞으로도 영원히 모를, 우리가 누군가 때문에 넘어지고 입을 다물었기에 완성하지 못했던 작품에 대해 더 깊이 생각해야 한다고 했다. 트럼프가 당선되었을 때 우리는 권위주의와 거짓말을 정상화해서는 안 된다는 말을 들었다. 그러나 여성혐오와 인종주의로 인한 패배는 너무나 장기간 정상으로 여겨져왔다. 우리의 과업은 이 패배를 비정상화하고 상대가 강요하는 침묵을 깨는 것이다. 모든 사람의 이야기가 들리는 사회를 만드는 것이다.

따라서 이 또한 이야기의 전쟁이다.

섹스는 자본주의적인 문제다

2018년 4월, 토론토 번화가에서 차량을 몰고 인도로 돌진해 열 명을 살해한 이른바 토론토 학살 사건이 일어난 이후 범인이 남긴 글을 본 각계 전문가들은 뒤늦게야 온라인 하위문화인 '인셀(비자발적 독신주의자)'에 주목해 다양한 의견을 쏟아내었다. 대체로 인셀은 주변에서 찾아보기 힘든 외계인이고 이들이 공유하는 관점은 기이하고 낯선 세계관으로 치부되었다. 실은 인셀은 자본주의적 성관념의 극단적인 현상이라 할 수 있고 알고 보면 우리에게는 그다지 낯설지 않다. 그건 우리 주변의 모든 장소에 있고, 아주 오래전부터 존재해왔다. 아마도 섹스와 관련된 문제는 자본주의적이라고 할 수도 있을 것이다.

토론토 살인자가 범행 직전 소셜미디어에 남긴 인셀의 세계관에는 이런 가정이 깔려 있다. '섹스는 상품이다. 이 상품을 다량 축적할수록 남성의 지위가 상승한다. 모든 남자는 재산을 축적할 권리가 있지만 여자들이 적극적으로 훼방을 놓고 있다. 따라서 여성들은 취해야 할 상품이자 물리쳐야 할 적이다.' 인셀들은 외모나 조건이 월등한 여성들을 원하고 자신들의 낮은 사회적·경제적 신분과 외적 조건에는 성을 낸다. 하지만 자본에 따라 사람들을 줄 세우고 우리를 모든 방식으로 진저리나게 하고 비인간적으로 만드는 이 자본주의 체제 자체에는 의문을 표하려 하지 않는다.

특권 의식도 중요한 축을 담당한다. 자신은 성관계할 자격이 있고, 성관계는 기본권과 같은데 얻지 못하고 있으므로 슬프고 외롭고 우울하다. 누군가가 나에게 빚을 졌는데 갚지 않으니 그 대상에게 화를 내는 건 당연한 이치가 되어버리는 것이다. 물론 이 남성들 중 일부는 정신 질환이 있거나 소외 계층일 수 있다. 그러나 그런 조건에서 인터넷 혐오 집단에 노출되면 증오와 분노에 쉽게 물들고 무리의 사고를 내면화하면서 더욱 극단적인 방향으로 나아가게 된다. 다시 말해서, 정신 질환과 사회적 소외가 이런 세계관을 키우게 된 직접적인 원인은 아니라고 할 수 있다.

그보다는 이 세계관이 이들을 점점 더 취약하게 만든다고 해야 할 것이다. 이 관점은 자신들의 소외와 무능력에 변명을 마련해주고 나아갈 방향마저 제시한다. 나머지 사람들은 보다 상대적이고 균형적인 서사를 계속해서 접하고 무엇보다 실제 인간과 접촉해 관계에 실패하거나 성공하면서 어느정도 면역성이 생긴다. 그러나 우리도 사람에게 시장 가치가 있다는 개념에 영향을 받고 있기도 하다.

여성은 양도할 수 없는 권리를 부여받은 인간이고, 이성애적 성관계는 강간과는 하늘과 땅처럼 다르며, 이성애적 성관계란 양쪽이 원하기 때문에 하는 상호적인 행위라고 생각하는 사람도 많을 것이다. 그러나 여성을 한명의 인간으로 보는 이 개념에 생각보다 많은 남성들이 상당히 혼란스러워하고 반기를 들고 싶어한다. 인셀에 한정된 것은 아니다.

육체로서의 여성은 대기하고 있다가 남성들에게 주어져야 할 섹스이고 제공되어야 하는 상품이지만 인간으로서의 여성은 어떤가. 남성의 몸과 여성의 몸 사이에 서서 가로막고 있는 짜증나는 문지기다. 그래서 남성들의 세상에는 이 문지기를 속이거나 넘어뜨려야 한다는 수천개의 조언이 난무하게 되었다. 인셀뿐만 아니라 작업 성공 노하우를 전달한다는 픽업 아티스트들도 문제이고 영화나 문학에서도 농담으로만 볼 수 없는 한심한 장면이 흔하게 나온다. 프랑스 소설이자 동명의 영화로도 제작된 『위험한 관계』*Les Liaisons Dangereuses*만 봐도 카사노바는 여성을 차지해야 할 트로피로 여긴다. 이들의 달콤한 유혹은 결국 포위 후 공격의 그럴싸한 은유일 뿐이다.

여성의 비인간화는 자본주의 탄생 이전부터 존재했다. 남성들에게 성이란 아무 말도 할 수 없는 상황에 처한 여성들에게서 빼앗아 오는 행위였다. 트로이전쟁의 서막을 알린 것은 트로이 왕자인 파리스가 헬레네를 납치해 성노예로 삼은 일이다. 아킬레우스는 헬레네를 되찾기 위해 브리세이스 왕비를 납치해 성노예로 가두고 왕비의 남편과 형제들의 목을 벤다(상대의 가족 전체를 몰살하다니, 자신과의 성관계에 치를 떨게 만드는 최고의 방법인 듯하다). 아가멤논과 손잡은 동지들 또한 그들만의 성노예를 데리고 있는데 그중에는 여자 예언자인 카산드라도 있다. 카산드라가 아폴론의 구애를 거부하자 아폴론은 카산드라의 예언은 아무도 믿지 않을 거라는 저주를 내린다. 여성의 시점에서 트로이전쟁 이야기를 읽으면 이라크 야지디족을 박해한 이슬람 무장 단체 ISIS와 크게 다르지 않다.[•] 이런 면에서 2018년 노벨평화상 수상자가 이라크 야지디족 출신으로 ISIS에 성노예로 납치되었다가 도망친 후 인권 운동가로 활동하고 있는 나디아 무라드Nadia Murad라는 사실은 의미심장하다(그해의 노벨평화상 공동 수상자는 콩고의 산부인과 의사인 드니 무퀘게Denis Mukwege로,

• 2014년 무렵부터 ISIS는 야지디족을 집단 살해했는데 수많은 남성과 소년을 살해하고 수천명의 여성과 소녀를 노예로 삼은 후 성적으로 학대했다. ISIS와 인셀의 이데올로기 비교 연구는 흥미로운 논문이 될 것이다.

그는 강간 생존자들을 위한 보호소인 '시티 오브 조이'를 공동 설립했다).

페미니즘과 자본주의는 서로 대치한다. 전자가 여성을 인간으로 보는 사상이라면 후자는 여성을 재산으로 보는 관점이다. 반세기 동안 페미니스트들은 혁명과 저항을 통해 사회 변혁을 이루어왔지만 성sex만큼은 여전히 자본주의 모델을 통해 이해되곤 한다. 섹스는 매매이자 거래다. 거래가 많을수록 남자의 지위가 상승한다고 본다면 섹스란 포커 칩과도 같다. 스타 농구 선수 윌트 체임벌린Wilt Chamberlain은 1991년에 출간한 자서전에서 자신이 여성 2만명과 섹스를 했다고 으스댔다(얼추 계산을 해보자. 그의 말대로라면 40년 동안 하루에 1.4명의 여성과 자야 한다). 이야말로 마르크스가 약탈이라고 비판한 자본의 본원적 축적이 아닌가! 미국의 대통령은 틈만 나면 여성을 상품화하고 상품화된 여성과의 관계를 자랑하며 그로 인해 자신의 지위가 격상한다고 믿는 사람이다. 그가 플레이메이트나 미스 유니버스 수준의 외모에 도달하지 않은 여성들을 비하해온 건 하루 이틀 일이 아니다. 이런 일들은 이 사회의 주변부에서 일어나는 사소한 일이 아니다. 우리 문화의 중심이었고 이제는 이 나라의 대통령에 의해 더욱 권장되고 있다.

반면 성경험이 여성의 삶에 개입되었을 때 여성의 지위는 애매해지기만 한다. 아니 어떤 방식이든 음울할 뿐이라고 할 수 있다. 하나의 상품으로서 여성은 예쁘고 매력적이어야 한다. 그러나 그 매력의 결과는 무엇일까. 성적인 매력을 가진 여성이 육체적 접촉을 했을 때 그 여성은 이용당한 여자, 타락하고 불결한 사람, 그래서 벌을 받아 마땅한 존재가 된다. 남자들이 성적인 거래에서 무언가를 획득하면 여자들은 잃을 수밖에 없다. 여성은 성적이면서도 성적이지 않아야 하므로 어찌 되었든 벌을 받기 쉬운 조건이고 이상적인 여성은 성적이면서 성적이지 않아야 하는 불가능한 사명을 안는다. 여성이 섹스를 한다 해도 그 성경험의 가치가 그녀가 즐겼는지에 따라 결정되는 게 아니라 그 파트너가 즐겼는지에 따라 결정된다. 간단하다. 여성은 상품이지 소비자가 아니기 때문이다.

섹스란 남성이 일방적으로 얻어내는 무언가라는 개념은, 그것도 여자를 괴롭혀서, 졸라서, 속여서, 폭행해서, 약을 먹여서 할 수 있는 것이라는 개념은 어느 곳에나 있다. 토론토의 승합차 인도 습격이 일어났던 그 주에 빌 코즈비는 60여 명의 여성을 성폭행한 죄목으로 뒤늦게 유죄 선고를 받았다. 그는 여성들에게 약물을 먹여 의식을 잃게 하거나 반항하지 못하게 한 다음 성관계를 했다. 왜 그 자리에 있지도 않은 사람, 다시 말해 의식이 없는 대상과 섹스를 하고 싶어할까? 이 이상한 사람들은 누구란 말인가. 아주 많은 남자들이다. 데이트

약물이 흔하게 구할 수 있는 물건이라는 점에서도 그렇고 남학생 기숙사에서 여학생을 만취시켜 의식을 잃게 만드는 온갖 기술을 생각해도 그렇다. 스탠퍼드 성폭행범으로 더 유명한 브록 터너Brock Turner는 만취해 의식이 없는 여성, 그렇기에 아무런 반응도 저항도 할 수 없는 여성을 폭행하려 했다.

자본주의 아래에서 섹스란 살아 있는 협조자와 하는 행위라기보다는 죽어 있는 물체와 하는 행위다. 서로 애정을 느낀 두 사람이 즐기기 위해서 함께 하는 행위로 상상되지 않고 한 사람이 일방적으로 얻어내는 것으로 생각되곤 한다. 가끔은 상대를 인간으로 여기지도 않는다. 개성이나 인간성은 방해만 되니 치워버리고 오직 행위만 원한다. 이는 섹스라기보다는 섹스의 외로운 버전이다. 어떤 문화에서는 사물마저 의인화해 바위와 연못이 살아 움직이고 존중받을 가치가 있다고 본다. 반면 이 나라의 문화에서는 인간조차도 존중받을 가치가 없는 대상이나 상품으로 여겨진다. 전자는 모두가 존재감과 의식이 있는 존재들로 활기 넘치는 세상이고 후자는 무감각과 마비로 이루어진 세상이다.

인셀들은 이 생명력 없고 매매할 수 있는 섹스를 멀리서 지켜보면서 그것을 원하는 동시에 그것을 갖는 사람에게 분노하는 이성애자 남성이다. 여성들은 자신을 싫어하는 사람, 더 나아가 해를 끼칠 수 있는 사람과 친해지고 싶지 않을 테지만 이 사실이 인셀들에게는 하나의 중요한 요소로 각인되지 않는다. 그들에게는 공감력, 즉 다른 사람들에게도 감정이 있을 수 있다는 사실을 상상하는 능력이 결여된 것으로 보인다. 인셀뿐만 아니라 다른 많은 남성 또한 여성에게 감정이 있다는 걸 인식하지 못하는지도 모른다. 토론토의 인셀이 무고한 사람들을 살해하면서 비난받을 무렵, 그의 처지를 안타까워하며 동정심과 연민을 보내는 이들이 적지 않았다.

『뉴욕 타임스』의 보수주의 칼럼니스트 로스 도댓^{Ross Douthat}은 자유의지론자의 다음과 같은 관점을 치켜세웠다. "사유 재산과 자본의 분배에는 관심을 가지면서 왜 성의 재분배를 원하는 욕망은 본질적으로 한심하다고 생각하는가?" 이 말이 정신 나간 헛소리인 이유는 보수적인 도댓이나 자유의지론자가 기본적으로 재산과 자본을 분배하지 않아야 한다고 말하는 이들이라서가 아니다. 사실 재산의 재분배는 주로 사회주의적인 관점에서 이야기된다. 문제는 그 재산이 여성이면 아무나 갑자기 분배라는 개념에 관심을 둔다는 점이다. 여성의 입장은 듣지 않고 성의 재분배를 상상하면서 희희낙락하는 이는 트로이전쟁에서 여성들의 의사에 상관없이 성노예로 삼은 고대 전사들과 크게 다르지 않다.

다행히 훨씬 더 현명한 사람이 토론토의 무차별 살인이 일어나기 전에 그의 말에 이렇게 답했다. 『런던 리뷰 오브 북스』*London Review of Books*에서 아미아 스리니바산Amia Srinivasan은 다음과 같이 썼다. "충격적이지만 놀랍지 않다. 성적으로 소외된 남성은 여성의 몸을 차지할 권한이 있는 것처럼 반응하지만 남성에게 성적인 대상이 되지 못하는 여성은 권한이 아니라 권한 분배의 관점에서 문제를 바라본다. 적어도 그들이 권한을 이야기할 때는 존중하고 존중받아야 할 권한을 말하지, 다른 사람의 몸을 차지할 권한을 말하지 않는다."

흔히 매력적이라고 여겨지지 않는 이 여성들은 사회의 위계질서 자체에 의문을 갖는다. 왜 어떤 몸에는 특별한 지위를 주고 성적 매력이 있다고 여기면서 어떤 몸은 부정하는가? 이 여성들은 우리가 가치와 관심, 어쩌면 욕망까지를 어떻게 재분배해야 할지 묻는다. 그들은 모든 사람에게 더 친절해야 한다고 요구하며, 무엇이 더 좋은 상품인지에 대한 편견에서 벗어나라고 말한다. 그들은 우리에게 덜 자본주의적이 되어야 한다고 요구한다.

인셀 남성들이 음침한 이유는 자신의 문제는 오직 섹스의 부족이라 생각할 뿐 진정 부족한 것은 공감과 애정이고, 이 감정과 함께 따라오는 상상력이라는 점을 모른다는 것이다. 그 덕목은 돈으로 살 수 없고 자본주의가 가르쳐주지도 않는다. 당신이 사랑하는 사람은 가르쳐줄 수 있겠다. 그러나 그 사람이 당신을 사랑하게 하려면 당신이 먼저 그를 사랑해야 한다.

여성의 일과 괴물 예술가라는 신화

내가 아는 노동 변호사는 자기 일을 연대의 행위로 본다. 물론 그녀는 그 일로 임금을 받는다. 내가 아는 기후 운동가는 월급을 받으면서 지구의 운명에 골몰하고 내가 아는 의사와 간호사 들은 자기 직업으로 생계를 유지하고 갖고 싶은 물건을 사고, 우리 모두가 그런 것처럼 원하는 인생을 만들어간다. 그와 동시에 최선을 다해 생명을 살리고 죽어가는 환자들을 가능한 한 편안하게 하고 그렇게 하는 것이 어렵다면 환자의 마지막 여정을 조금이라도 개선하려고 노력한다. 자신이 하는 일에 열정이 있기에 가끔은 무료 봉사도 한다. 위기 상황일 때는 자신의 서비스와 기술을 기꺼이 제공한다.

글쓰기 또한 이렇게 양쪽 세계에 발을 걸친 일이다. 우리는 나만의 심오한 내면세계로 들어가길 갈망한다. 그러면서도 아름답고 고귀한 무언가를 창조해 세상을 변화시키고 싶어

한다. 그냥 변화가 아니라 되도록 나은 방향으로 바꿀 수 있기를 희망하고 운이 좋다면 그 일로 먹고사는 일을 해결할 수 있기를 바란다. 이 글을 읽고 있는 사람이라면 대부분이 커다란 인생의 격랑 앞에서 어떤 시 한편을, 에세이를, 책을 구명보트처럼 붙잡고 파도를 헤쳐온 적이 있을 것이다. 그러나 왜 잊을 만하면 작가란 이기적인 사람들이라는 말이 음악의 주제라도 되는 것처럼 등장할까. 나는 그 생각에 무거운 납덩이를 묶어서 심연으로 가라앉힌 다음, 다시는 수면 위로 떠오르지 않게 하고 싶다.

유능하고 헌신적인 나의 환경 운동가 친구가 『파리 리뷰』 *Paris Review*에 실린 클레어 데더러Claire Dederer의 글 「우리는 괴물 남자들의 예술을 어떻게 보아야 할 것인가?」를 보내주었다. 흥미롭게 읽다가 한 부분에서 걸렸는데, 필자가 제니 오필 Jenny Offill이 소설에서 묘사한 "괴물 예술가"를 인용할 때였다.

> 나는 절대 결혼 같은 건 하지 않을 셈이다. 아내가 아닌 괴물 예술가가 될 것이다. 거의 대부분의 여성은 오직 예술에 자기 삶을 바치고 번잡한 일상에 신경을 쓰지 않는 괴물 예술가가 되지 못한다. 나보코프Nabokov는 우산 하나도 자기 손으로 펴지 않았다. 우표에 침을 발라 편지 봉투에 붙이는 일은 모두 베라Véra의 몫이었다. (⋯) 내가 아는

여성 작가들이 지금보다 더 괴물처럼 되기를 소망한다. 은근슬쩍 농담조로 이렇게 말한다. "나도 아내가 있었으면 좋겠어요." 이 말이 무슨 뜻일까? 돌봄의 의무를 모두 저버리고, 예술가로서의 이기적인 의식만을 수행하고 싶다는 뜻이다.

회계 업무를 하거나 기계 부품을 만들거나 온종일 소파에서 텔레비전을 보는 많은 남자들도 이기적이며, 아내들이 남편들 대신 모든 집안일과 잡무를 해준다. 이기심은 예술가에게만 특별히 할당된 특징이 아니다. 남자들만 독점하는 기질 또한 아니다. 이기적인 여자들도 찾으려면 얼마든지 찾을 수 있다. 하지만 보헤미안 예술가 남자들의 이기심이라는 특정 종류의 이기심이 있는 듯하고 이는 천재 개념 ─ 다른 사람들보다 더 특별하고 중요한 사람이라는 생각 ─ 때문에 부추겨진다.

로즈메리 힐Rosemary Hill은 최근에 화가 오거스터스 존Augustus John과 아내 아이다 존Ida John의 20세기 초반 불평등한 결혼 생활에 관해 썼다.

보헤미안 남성들은 이상적인 여성을 뮤즈나 모델로 삼지만 아내에게 충실한다거나 생계를 책임지는 등의 부르주아 가장의 의무를 지키지 않아도 된다. 그렇다고 가부장적인 관습에서 한발 떨어져 아내의 살림이나 육아를 돕는 것도 아니다. 보헤미안 여성들에게 아이가 있는 경우 그녀들은 변호사의 아내만큼이나 가사와 육아의 족쇄에 묶여 있으면서도 중산층 가정의 아내가 소유한 경제적 안정성을 누릴 수는 없다.

하지만 내 경험상 보헤미안적인 생활 방식과 창의적인 생산성은 동지라기보다는 적일 때가 많다.

예술을 하겠다는 욕구가 다른 일을 하려는 욕구보다 유독 더 이기적일까? 내 노동 변호사 친구의 자녀들은 엄마의 잦은 출장을 싫어하지만 그 친구는 언제나 출장을 간다. 아내가 집을 비울 때면 소프트웨어 엔지니어인 남편이 가정의 총책임자가 되어 한 가정에서 반드시 엄마가 주 양육자일 필요도 없고, 엄마이기에 가사일에서 동등한 역할을 나눠 맡아야 할 의무가 있는 것도 아니라는 점을 확인시킨다. 친구는 자기 일로 급여를 받는다고 해서, 혹은 자신의 착하고 깜찍한 아이들을 사랑하면서도 일 때문에 만나는 노동자들에게 많은 시간을 할애한다고 해서 이기적이라는 말을 듣지 않는다. 내가 사는 베이 지역에서 테크 업계 직장인들의 살인적인 근무 시간은 새로운 뉴스가 아니고 나의 먼 친척인 싱글맘은 아이들의 의식주를 해결하기 위해 두세가지 직업을 갖고 있다. 내가 사는 동네에서 나는 전업주부들을 거의 만나지 못했다.

물론 예술 작품 창조에 자아가 더 많이 개입될 수는 있고, 어떤 종류의 작업은 고독한 일이고 사색적이며 개인적인 작업이 될 수도 있다. 하지만 심오한 세계로 깊이 들어가는 작업은 자신을 발견하는 일이면서도 성찰하지 않는 무수한 삶의 허영을 해체하는 일이다. 깊은 고독으로 들어가 글을 쓴다 해도 보통은 다른 이들에게 할 말이 있기 때문에 쓴다. 글 쓰는 사람의 마음속 은밀한 곳에는 이 글이 어떤 방식으로든 다른 사람들에게 도움이 되기를 바라는 소망이 있다. 웃음과 쾌락을 주건, 반복되는 따분한 일상을 새롭게 보게 하건, 낯선 세상을 발견하게 하건, 그저 이 세계와 우리의 정신세계를 묘사하건, 궁극적으로는 이 세상을 신선하고 낯설고 돌아볼 만한 가치가 있게 만들고자 글을 쓴다.

예술을 하는 이유는 내가 지금 만들고 있는 것이 좋다고 생각하기 때문이고, 여기서 좋다는 것은 다른 사람들에게 유익하다는 뜻이기도 하다. 내 작품이 반드시 사람들을 즐겁거나 편안하게 해주진 않아도 진실을 들여다보게 하거나 정의와 자각과 개혁으로 이끌 수 있다고 믿을 것이다. 나는 논픽션을 쓰는 작가다보니 주변에 저널리스트, 정치 기자, 역사학자 들이 많다. 이들의 목적은 더욱 뚜렷하게 세상을 바꾸는 일이라

할 수 있지만 나는 이 정신이 시인의 작업에도 적용된다고 생각한다. 지난 주말에 내 친구가 겨울이면 캘리포니아 해안에서 만날 수 있는 거센 파도인 '거대 조수'를 찬양하는 네루다 Neruda의 시를 한편 보내주었다. 이 시가 구체적으로 누구를 어떻게 돕는다고 말하기 힘들지 몰라도 나에게는 도움이 되었다.

> 이는 우리를 업신여기는 파도의 욕망,
> 반투명한 조직이 들어 올린
> 커다란 파도에서 용솟은 초록빛 리듬이지

시를 읽을 때 우리는 정신적 쾌감을 느끼기도 하지만 어떤 시는 우리가 여기에서 할 수 있는 일을 하도록 이끈다. 정치적 투쟁은 약한 자들과 아름다운 것들을 보호하려는 노력이고 그들에게 관심을 기울이는 일 또한 그 프로젝트의 일부다. 데더러는 이렇게 쓰고 있다.

> 어쩌면, 여성 작가인 당신은 자살을 하거나 아이를 유기하진 않았을 것이다. 그러나 무언가를 포기했을 것이고 돌보지 못했을 것이다. 책을 한권 끝내고 나면 바닥에 떨어진 작은 부스러기들이 보인다. 깨진 데이트, 깨진 약속,

깨진 만남. 이보다 더 중요한 항목도 놓쳤다. 아이들의 숙제를 확인해주지 못했고 파트너에게 전화하지 못했고 배우자와 잠자리도 못했다. 책을 위해서는 그 같은 일상의 일부가 깨져야만 한다.

데더러의 프레임에서는 여성이 된다는 건 곧 엄마이고 딸이고 아내가 되는 일이다. 그리고 이들의 임무는 끝없이 다른 이들에게 봉사하고 헌신하는 일이다. 기본적으로 창의적인 일은 일상과 불화한다. 대단한 작품을 창조하는 남성은 여성과 달리 잡무들을 생략할 수 있다. 여성은—여기서 부정적인 뉘앙스의 단어들이 쏟아진다—유기하고 망각하고 실패하고 파괴할 수밖에 없다. "내 안의 양육자를 유기했을 때"라는 개념은 내가 친절하고 사려 깊고 돌볼 줄 아는 동시에 글도 쓰는 사람은 되지 못한다고 가정하고, 여성의 삶 속에서 배려와 돌봄의 영역은 힘겹고 짐스러운 부분이라고 말한다.

한 에세이에서는 정치 참여를 또다른 형태의 이기심으로 읽었는데 이는 보수적인 프레임이라 할 수 있다. 나의 환경 운동가 친구는 그 에세이의 한 문장을 보내주었다. "당신이 도덕적 감정을 품고 있을 때, 자화자찬 또한 멀리 두지 않는다. 당신의 감정을 도덕적 언어라는 침대에 펼쳐두고 그 일을 하는 자신을 경배한다." 하지만 경배받고 싶은 사람이 오직 이런 종류의 사람뿐일까? 세속적인 사람, 난봉꾼, 분노를 잘 참는 세련된 태도를 보이는 사람, 중립적인 사람, 무심한 사람, 초연한 사람도 마찬가지로 찬양받기를 원한다. 자화자찬하려고만 한다면 그렇게 할 수 있는 수많은 방법이 있다. 그리고 자아 고취는 농장 노조를 조직하거나 북극 야생동물구역을 보호하는 일에 평생을 바칠 만한 이유로는 그리 적절하지 않다. 내 친구들이 매일 하는 일의 두세가지만 예로 들어도 그렇다. 여기서 이기심이 커다란 오해를 받고 있는 것 같다. 예술가로 사는 것과 이상주의자가 되는 것이 세상에서 가장 이기적인 행동이라도 되는 것처럼 묘사되고 있으니 말이다.

나는 누군가를 포기하거나 유기하지도 않고 스무권의 책을 세상에 내어놓았고 내가 가진 모든 지적 역량을 쏟아부었다. 결혼 관계, 부모의 의무, 효도의 의무는—이 말을 또 해야 한다는 것이 믿어지지 않지만—여성의 삶의 기본적이고 본질적인 조건이 아니다. 내 주변에는 아이들을 키워놓고 글을 쓰기 시작한 여성 작가들이 있고, 자녀가 없는 여성 작가들도 있다. 창작과 양육을 병행하기 위해 자기만의 루틴을 만들어 낸 여성 작가들이 있다(앞의 예를 보자. 배우자가 있고 평등이 있으면 더 쉽게 가능하다). 아이를 전담해서 키우는 남성 작가들도 알고 있다. 많은 사람들, 남성과 여성과 논바이너리들은 사랑하는 이들의 욕구에 관여하면서도 여전히 자신의 예술에, 혁명에, 직업에 영혼을 바친다. 또한 작가의 일은 가족이 있을 경우 가족 부양 문제와도 자연스럽게 연결된다. 아이들 숙제 확인이 중요하듯이 집과 음식과 의복과 의료보험이 필요하기 때문이다.

이 에세이를 보낸 양심적인 내 환경 운동가 친구에게 다음과 같이 답장을 보냈다.

> 훌륭하고 창의적인 일은 돌봄이기도 하지 않을까. 작가와 이 세상에 가장 중요한 주제이기도 해. 내가 『여자들은 자꾸 같은 질문을 받는다』*Mother of All Questions*에도 썼잖아. 대체 누가 버지니아 울프Virginia Woolf가 책을 쓰는 대신에 아이를 양육하길 원했을까? 나는 여성들이 이것 아니면 저것 둘 중에 하나만 택해야 한다는 생각을 거부할 거야. 너를 위해서도 그러길. 네가 하고 있는 일은 저 하늘 위에 기록할 만큼 큰 배려야.

레이철 카슨Rachel Carson은 조카 손자를 돌보면서 우리와 새들과 생태계를 위협하는 살충제의 진실을 고발했다. 그녀의 마지막 저서는 세상을 바꾸었고 수백만 어린이들에게 더 안전한 환경을 만들었다.

그것은 강력한 파장을 지닌 돌봄이다. 이 돌봄의 행위가 얼마나 멀리까지 닿았고 얼마나 따스한가. 카슨의 작업이 없었다면 내가 지난 주말 습지에서 만난 펠리컨과 왜가리와 두루미가 멸종에 가까워졌을 수도 있다. 마틴 루서 킹 주니어 Martin Luther King Jr.를 두고도 그가 본인의 자녀들과 더 많은 시간을 보내야 했다고 말할 수도 있지만 그의 자녀들은 아버지가 한 일로 인해 운명이 달라진 수백만 어린이들 중 하나고 그가 희망한 미래에 속한 아이들이기도 하다. 그의 글과 그의 삶은 여전히 우리를 돌보고 양육한다. 우리가 기억하는 전세계 수많은 위인이 우리의 삶과 운명을 돌보고 있다.

글쓰기는 이 세상을 움직이는 다른 실용적인 일들과 마찬가지로 고개를 빳빳이 들고 있어도 되는 일이다. 그리고 기본적으로 일이다. 좋은 작가들은 사랑에서 우러나온 글을 사랑을 위해 쓴다. 어쩌면 직접적으로 혹은 간접적으로 모든 존재의 해방과 자유를 위해 쓴다. 그리고 그 안에 담긴 배려와 온기는 크기를 잴 수 없을 정도로 크다.

이 모든 분노

대체 남자들은 왜 그렇게 화가 나 있을까? 이에 대해 한번쯤 진지한 연구 논문이 나와야 할 것만 같다. 일단 대통령이 화가 나 있다. 2017년에는 샬러츠빌의 극우 시위대가 있었고, 술집에서 시비 거는 남자들은 어디에나 있다. 아내를 폭행하는 남자들, 게이를 공격하는 남자들, 총기 난사범들이 있다. 2018년 5월에 맨해튼의 레스토랑에서 스페인어로 대화 중인 여성들에게 고래고래 소리를 질러 원치 않게 유명해진 남자도 있었다. 이에 더해 부와 명예를 쥔 남자들—다시 말해 미투의 가해자들—은 무엇이 그리 부족했는지 기회만 있으면 여성을 공격하고 모멸했다. 『뉴욕 타임스』가 세라 정Sarah Jeong을 편집위원으로 임명했을 때 성적·인종차별적 모욕을 퍼붓던 이들도 있다. 세라 정이 트위터에서 감히 백인을 조롱하는 농담을 했기 때문이었다(그리고 2019년 4월 MIT 컴퓨

터과학과 대학원생인 케이티 보우먼Katie Bouman이 그녀가 개발한 알고리즘으로 최초로 블랙홀 사진을 촬영해 전세계적으로 조명받았을 때 수많은 남성들이 이유 없는 증오를 쏟아냈다). 분노는 보통 특권의식과 복잡하게 얽혀 있다. 미국의 수많은 폭력 밑에 깔린 가정, 그것은 어떤 사람의 의지나 권리가 다른 사람의 권리보다 중요하다는 가정이며 그렇기 때문에 이 세상의 좋은 것들을 우리가 아닌 그들이 가지면 안 된다는 생각이다.

남성의 분노는 공공장소에서의 안전을 위태롭게 만들 뿐 아니라 이 시대의 정치와 사회를 불성사납게 이끈다. 가정 폭력부터 총기 난사까지, 네오 나치부터 인셀까지 이 사회에 역병처럼 퍼진 뒤틀린 사상과 범죄에는 남성의 분노가 자리하고 있다. 우리가 남성들의 행동, 특히 백인 남성들의 행동은 정상으로 여기기 때문에, 미국의 네오 나치 테러 단체인 '아톰와펜 디비전'을 비롯해 수많은 우익 집단이 모두 남성들로만 구성되어 있다는 사실에 비판을 들이대지 못한다. (마이클 키멀Michael Kimmel이 최근 출간한 『증오에서 회복하기』Healing from Hate는 국제 정치에서의 남성의 분노를 고찰하는 책으로 고마운 예외라 할 수 있다.) 최근까지만 해도 여성들은 남성들의 급작스러운 분노 폭발을 적응해야만 하는 불가피한 일상으로 받아들였다. 가방에 몽둥이를 넣어 다니고, 호신술 특강을 듣고, 이동의 자유를 제한하고, 언제 갑자기 버럭 화를 내며 윽박지를지 모를 사람들 주변을 살금살금 걸어 다녔다. 그러다 최근 남성의 분노에 대한 이론 대신 여성의 분노를 다루는 에세이와 책이 점점 늘어가고 있는데 이는 과도기적 현상으로 보인다.

리베카 트레이스터의 최근 책 『굿 앤드 매드』*Good and Mad*는 여성 분노의 원인과 여성의 분노를 억압한 역사, 그리고 분노의 표출을 주제로 다루고 있다. 페미니즘 운동이 활발히 이어진 지난 6년간의 변화를 고찰하고 특히 2016년 대선 당시 힐러리 클린턴을 향한 대중의 반응과 미투 운동 이후 여성들이 이룬 힘의 이동에 대해서도 논한다. 소라야 체말리^{Soraya Chemaly}의 『분노가 그녀가 되다』*Rage Becomes Her*는 현대 북미 사회에서 (남성의 감정과는 달리) 여성의 감정을 관리하고 판단하고 가치를 매기는 방식에 초점을 맞춘다. 브리트니 쿠퍼^{Brittney Cooper}의 『영리한 분노』*Eloquent Rage*는 개인적인 이야기 속에 권력, 연대, 인종, 젠더, 교차성을 녹여낸다. 이 세 권의 책은 여성들이 변하고 남성들이 변하지 않는 시기에 우리 곁에 도착했다―사실 일부 남성들은 멈추지 않는 기관차처럼 여성혐오로 돌진해 자신의 우월성이 침식당하는 현실에 분개한다. 더이상 남성을 기쁘게 해주어야 할 의무가 없다는 사실을 이해한 여성들은 드디어 분노를 표현하게 되었다. 이는 남성에 대한 경제적 의존도가 낮아졌기 때문이고 또한 페미니즘이 여성의 행동은 어디까지 적절한지, 감정을 얼마나 표현할 수 있는지에 대한 정의를 다시 내렸기 때문이기도 하다. "젠더 역할 기대는 (…) 개인적인 맥락에서 분노의 효과적인 이용 여부를 미리 지정해주고, 시민으로서의 정치적 참여 범위도 결정한다." 체말리는 다음과 같이 지적한다. "여성의 분노를 존중하지 않는 사회는 여성을 존중하지 않는 사회, 여성을 인간으로, 사상가로, 지식 탐구자로, 활발한 참여자로, 혹은 시민으로 인정하지 않는 사회다."

여성의 분노 표출을 허락했던 그 페미니즘이 어쩌면 분노의 본질적 원인을 감소시켜줄 수도 있다. 이 세권의 책에서 논하는 분노의 대부분은 좌절에서 비롯된다. 존중과 평등을 요구할 수 없고, 자신의 몸과 운명을 좌우할 수 없음에서 오는 무력감과 다른 여성이 당하는 차별을 목격하면서 쌓여가는 우울감이다. 그러나 평등을 쟁취하려 노력하다가 자칫 힘의 소유와 주체 못하는 분노를 혼동하는 함정에 빠질 수 있다. 이는 우리 모두에게 난제다. 비백인과 비남성이 분노를 이상화하거나 습관화하지 않고도 분노를 느끼고 표현할 수 있는 동등한 권리를 가질 수 있을까?

오래전에 들은 일본의 선불교 이야기가 있다. 어느 호전적인 사무라이가 불교의 선사에게 천국과 지옥의 개념을 설명해달라고 했다. 선사는 왜 사무라이처럼 생각 없는 시골뜨기에게 고차원적 개념을 설명해주어야 하느냐고 물었다. 사무라이는 분노에 치를 떨며 칼을 뽑아 들고 선사를 죽이려 했다. 칼날이 목으로 다가오자 선사는 말한다. "그게 바로 지옥일세." 칼을 도로 집어넣은 사무라이에게 깨달음이 찾아왔다. 선사는 말한다. "그게 천국일세." 이 삽화에서 분노는 불행이자 무지이고 깨달음은 안티테제다.

욕설이나 물리적 폭력은 약한 사람에게서 나온다. (여기서 나는 비폭력의 힘을 논한 조너선 셸Jonathan Schell의 책 『정복할 수 없는 세계』*The Unconquerable World*가 떠오르는데 이 책은 국가의 폭력도 궁극적으로 약함에서 비롯되었다고 말한다. 이 책의 영감이 된 한나 아렌트는 이렇게 썼다. "힘과 폭력은 반대편에 위치한다. 하나가 절대적으로 지배하면 다른 것은 부재한다. 따라서 비폭력적인 힘이라는 말은 동어반복이라 할 수 있다.") 평정과 온유는 불교가 강조하는 중요한 미덕이고 많은 불교 철학자들에게 분노는 독약과도 같다. 분노는 증오를 더욱 부채질하고 결국 폭력을 낳는다. 선사는 사무라이가 살인을 저지르기 직전에 얼마나 감정이 격앙되었는지 안다. 화난 사람들은 불행하다. 선사는 또한 사무라이가 다른 사람의 행동이나 말에 쉽게 도발당한다는 사실도 보여준다. 쉽게 화내는 사람들은 귀가 얇고 쉽게 속는다.

그러나 서구 사회에서는 언제나 분노의 정당성을 논한다. 미국인들은 선사보다는 사무라이에 더 가까워 보인다. 적어도 남성의 분노는 불가피하다고 가정하며 분노는 불쾌하고 모욕적인 일을 당했을 때 자연스럽게 따라오는 반응이고 그 반응에는 힘이 있다고 말한다. 2018년 여름 NBC 방송국에서 내보낸 영상에서는 내슈빌의 한 남자가 주유소에서 여성에게 계속해서 지분거리다가 여자가 거절하자 분노했다. (그 남자는 여자가 남자를 만나기 위해 주유소에 들렀다고 생각했던 걸까? 기름을 넣기보다는 음료수를 사러 온다고? 아니면 그 남자는 일반적으로 여자들은 그에게 빚을 진 거나 마찬가지라서 처음 보는 그 젠더가 복종하지 않으면 벌을 내릴 권리가 있다고 생각한 걸까?) 영상에서 남자는 여자의 자동차로 달려들어 자동차의 앞 유리를 발로 찬 다음 얼굴에 대고 쌍욕을 한다. 이외에도 남성이 거절을 받아들이지 않는 모습은 심심치 않게 볼 수 있다. 2014년 텀블러Tumblr는 "여자가 거절할 때"라는 제목의 동영상을 내보내면서 '성적인 접근을 거절한 여성들에게 가해지는 폭력'을 따라갔다. 영상이 끝도 없이 이어졌고, 일부는 여성의 생명이 위험할 정도로 심각했다.

분노가 승인되는 이들에게 분노의 전시는 보상으로 돌아올 수도 있다—당신이 위협과 강탈로 돌아가는 조직의 일부가 되고 싶다면, 당신이 만나는 사람들을 협력자라기보다는 괴롭힐 수 있는 경쟁자로 여기면 된다. 지구상에서 가장 특권이 있는 사람들이 화내고 고함치면서 자신의 인생을 헤쳐가고 있으며, 특히 대통령과 그의 연령대 높은 백인 지지자들의 노기 가득한 얼굴은 전당대회에서 쉽게 찾아볼 수 있다. 이 군중은 전부 골이 나 있는데 아마도 대안을 거부하기 때문일 것이다. 화를 내지 않으려면 이 시대의 불평등과 다면성을 신중하게 숙고하면서 이 안에서 어떻게 대처해야 하는지 고민해야 하지만 그러고 싶지 않은 것이다.

트레이스터와 체말리가 분노를 주제로 한 책에서 강조하는 점은 약자들이 처한 이중의 구속이다. 여성은 반발할 일투성이지만 실제로 반기를 들면 처벌이 따르는 세상에서 산다. 예를 들어 우리를 굴복시키고 복종시키려 하는 남자들을 거부하면 원치 않은 결과가 따른다. 체말리의 관찰에 따르면 여성이 분노를 표출하면 "그 여자는 자동으로 젠더 관습을 거역한 셈이 된다. 그 여성에겐 더 강력한 제제가 들어오며 적의를 품은 사람, 신경질적이고 무능하고 비호감인 사람으로 낙인찍힌다." 만약 그 여성이 점잖고 차분하게 젠더 폭력이 어디에나 있다고 말한다면 어떨까? 그렇다 해도 여전히 비난받고 성난 사람으로 분류된다. 아직까지 여성에게 고분고분하고 순응적인 태도를 요구하는 사회에서 여성의 화는 화가 난 이유보다는 화를 냈다는 사실 자체만이 강조될 것이다.

체말리가 예로 든 거북하고 불쾌한 일화를 읽으면 여성들이 얼마나 일찍부터 화낼 권리를 박탈당하는지, 그 박탈이 어떻게 권리의 부정이나 포기로 이어지는지 알 수 있다. 체말리의 딸이 다니는 유치원에서 한 소년이 딸이 지은 탑을 계속 무너뜨렸으나 소년의 부모는 아들의 공격적 행동을 저지하려 하지 않았다. "그들은 내 딸이 왜 화내는지 공감하는 듯하면서도 결국 내 딸이 스스로 기분을 풀길 바랐다." 체말리는 "그 부모는 내 딸의 화를 '보려고' 하지 않는 듯했고 아이가 화를 내는 이유는 그 소년의 행동과 소년을 말리지 않는 부모 때문임을 이해하지 못했다. 그 부모는 내 딸이 자기 아들에게 협조해주기를 기대하고 양보하는 모습에 더없이 만족하면서도 자기 아들에겐 내 딸과 똑같이 행동하라고 요구하지 않았다"라고 썼다. 소녀가 알아서 소년의 밉살스러운 행동에 적응해 하고 싶은 걸 참으며 한계를 배워야 한다. 반면 소년은 그런 일을 하지 않아도 된다. 그렇게 젠더 역할은 아주 어린 시절부터 강화된다.

세 저자 모두 젠더뿐만 아니라 인종 문제도 거론하면서 동일한 상황에서 누가 더 인내하고 누가 더 지탄받는지 지적한다. 트레이스터가 인터뷰한 흑인 여성 중에는 '흑인의 생명은 소중하다' 운동의 공동 설립자인 알리시아 가자와 하원의원

바버라 리Barbara Lee도 있다. 리는 자신의 출생에 관련된 가슴 아픈 사연을 들려주는데, 병원에서 어머니가 흑인이라는 이유로 입원을 거부당해 거의 사망할 뻔했다는 것이다. 또한 리의 멘토이자 하원의원이며 1972년 민주당 대선 경선 후보였던 셜리 치점Shirley Chisholm에 관련된 일화도 전한다. 체말리는 보수주의자들이 미셸 오바마Michelle Obama가 내지도 않은 화를 상상하고 왜 화를 내는지 분석했던 사례도 예로 든다. 미셸 자신 또한 자기 집안의 여성들이 어떤 방식으로 고통과 분노를 회피해왔는지 곰곰이 생각해본다. 미셸 오바마는 어머니가 아무 말 없이 집에서 가장 좋은 접시들을 벽에 던졌던 이유가 이른바 화병 때문이 아니었을지, 할머니가 십대에 할아버지에게 강제 결혼을 당한 이후로 본인 삶에 대해서는 할 말이 없다고 느끼며 침묵을 고수한 건 켜켜이 쌓인 울분 때문이 아니었을지 생각하기도 한다.

트레이스터의 책은 여성이 침묵과 순종이라는 사회적 기대를 거부하며 변화를 이끌어낸 순간들을 기록한다. 최근의 사례뿐만 아니라 메리 해리스 '마더' 존스Mary Harris "Mother" Jones와 세계 산업 노동조합을 말하기 위해 19세기로 거슬러 올라가기도 한다. 디트로이트에서 '주부 조합'을 조직했던 패니 펙Fannie Peck을 소개하고, 로자 파크스Rosa Parks가 버스 보이콧 이전에 이미 페미니즘 운동을 하고 있었음을 밝힌다. 스톤월 항쟁을 이끌었으나 전설의 뒤편으로 밀려난 드랙퀸과 트랜스 여성들, 클래런스 토머스 대법관 인준 청문회에서 자신을 비방하던 백인 남자들에게 당당하게 맞섰던 애니타 힐을 끌어오기도 한다.

트레이스터는 각 사례에서 이 여성들이 자리를 박차고 일어날 수 있었던 이유는 분노였고 이러한 분노는 그들의 행동을 이끄는 에너지가 되기도 했다고 말한다. 그러나 가끔 그 에너지는 다른 데서 나오기도 한다. 트레이스터는 하원의원인 리의 말을 인용한다. "치점은 대중 앞에서는 화가 날 때도 언제나 평정심을 유지했어요. 목소리와 태도는 터프하고 저돌적이었습니다. 붐, 붐, 붐, 이런 식이었죠. 하지만 문을 닫고 들어오면 어땠을까요? 경계를 푼 다음에는 자신의 아픔을 인정했습니다." 치점에게 고통과 분노는 같은 것이었을까? 아니면 무언가 다른 것일까? 1964년 인권 운동가 패니 루 해머Fannie Lou Hamer는 유명한 말을 남겼다. "나는 지치고 짜증나는 데에도 지치고 짜증난다." 이런 감정 또한 정확히 말하면 분노라고는 할 수 없을 듯하다. 아마 좌절이나 전쟁 피로증 같은 것이 아니었을까. 트레이스터는 알리시아 가자의 다음의 말도 인용한다. "내 분노 밑에는 깊은 슬픔이 깔려 있다." 그리고 "셜리 치점 같은 선각자도 종종 흐느껴 울었다는 말을 들을 때면" 가슴이 찢어질 듯 아프다고 말한다. 이후에 가자는 트레이스터에게 우리에게 중요한 질문은 이것이라 말한다. "우리는 역사상 최초로 여성의 분노를 효과적으로 표출하는 운동에 앞장서야 하지 않을까요? 분노를 죽이지도 억제하지도 않고 이겨내는 법을 배운다면 그 이면에 존재하는 무언가를 살릴 수 있지 않을까요?"

분노의 이면에 무엇이 있는지는 명확하지 않지만 가자는 확실히 우리 안에 살고 있는 사무라이에 공감하면서도 선사의 관점까지 받아들인 것 같다. 어쩌면 쿠퍼는 이미 그 자리에 다다른 것 같기도 하다. 쿠퍼의 책은 분노에 관한 책이면서 사랑에 관한 책이다. 자기를 향한 사랑과 그 사랑을 찾고 지키기 위한 투쟁의 기록이다. 자신의 삶에 있는 많은 여성들에 대한 사랑이고 익히 알려진 인물들인 아이다 B. 웰스^{Ida B. Wells}, 오드리 로드^{Audre Lorde}, 테리 맥밀런^{Terry McMillan}, 힐러리 클린턴을 향한 사랑이기도 하다(이 세명의 저자들은 모두 클린턴을 빼놓지 않는다). 그 밑에 은은히 깔린 건 정의에 대한 사랑, 평등에 대한 사랑, 잘못을 바로잡고 진실을 말하고자 하는 태도에 대한 사랑이라고도 할 수 있다. 온유하고 자애로우면서도 강한 정신력이 요구되는 작업이다. 이 세권의 책은 모두 최근 미국인들의 삶에 영향을 미친 수많은 인물과 일화를 종합적으로 술회한 분노의 역사를 담고 있다. 다만 쿠퍼의 책은 두가지 면에서 차별점이 있는데, 저자의 삶의 여정이 드러나 있고 개성 있는 문체가 있다. (뉴저지주 러트거스 대학 교수다운) 박식함과 구수한 사투리 사이에 등장하는 목소리는 더없이 웃기고, 가슴 벅차고, 수많은 의미를 함축하고 있으며, 칼끝처럼 예리하다.

다시 일본 선불교 이야기로 돌아와보자. 사무라이와 선사의 대화에는 분노와 자제라는 주제 밑에 또다른 소주제가 흐르고 있다. 먼저 무력에 관한 이야기가 있다. 만약 선사도 무기를 소지하고 있었다면, 삶과 죽음을 가를 힘을 갖고 있었다면 질문자가 이다지도 쉽게 폭력적으로 돌변하지는 않았을 것이고 대화는 그저 그가 모욕감을 느끼는 것으로 끝났을 것이다. 무기가 없는 여성이 선사에게 똑같은 질문을 했고 우매한 사람에게 시간 낭비하고 싶지 않다는 답변을 들었다면 어땠을지 상상해보자. 사무라이처럼 그 여성 또한 황당하고 억울했을 테지만 남성과는 다르게 분노를 그 즉시 표출하지는 못했을 것이다. 섣불리 감정을 표현했다가 또다른 식의 비난이 돌아올 수도 있기 때문이다.

아니, 어쩌면 그 여성은 선사의 가치 평가를 있는 그대로 받아들이고, 그가 자신을 무시할 권리가 있다고 생각해 화를 내지 않았을 수도 있다. 자신의 열등함과 선사의 권위를 믿으며 홀로 불행해했을 것이다. 이 또한 수많은 사람이 들어가게 되는 또다른 종류의 지옥이다. 영화 「킬 빌」Kill Bill에서 사무라이 검을 들고 (아시아 여성인) 적수의 머리를 베어버리는 여전사 우마 서먼Uma Thurman을 생각하지 말자. 미투 운동 이전에 감독 쿠엔틴 타란티노Quentin Tarantino의 학대를 오랜 기간 당연하게 여겼던 여성 우마 서먼을 생각해보자.

체말리와 트레이스터 두 저자 모두 우마 서먼을 분노를 억제하지 않았던 여성과 상반되는 예로 보고 있다. 2017년 10월에 서먼에게 하비 와인스틴과 미투 운동에 대한 의견을 묻자 그녀는 감정을 터트리지 않고 조심스럽게 답했다. "지금 당장 깔끔하게 정돈된 답변을 해줄 수는 없다. 왜냐하면 나는 어린애가 아니기에 화가 가득한 상태에서 말을 내뱉으면 대체로 후회한다는 걸 알고 있고 그래서 화가 가라앉았을 때까지 기다리는 편을 택해왔다. 준비된 후에 내가 할 말을 할 것이다." 체말리가 볼 때 이 반응은 우마 서먼이 자제라는 습관에 구속되어 있음을 보여주며, 사건이 터졌을 때 말을 해야 했다고 주장한다. "그 배우가 자신을 지나치게 의식하는 모습은, 유능하고 성공한 여성도 화 앞에서는 불안해한다는 사실을 반영한다."

트레이스터는 우마 서먼이 턱에 힘이 들어갈 정도로 입을 굳게 다문 영상을 분석하기도 한다(이 배우는 명망 높은 불교 철학자의 딸이며 아마도 어렸을 때부터 분노의 남용을 경계하는 비서구적인 태도를 몸에 익혔을 것이다). 하지만 트레이스터는 이런 의견을 낸다. "가끔은 분노의 억제 뒤에 전략이 숨어 있기도 하다. 우마 서먼의 경우 자신의 이야기를 온전히 전달하기 위해 기다려야 했다." 몇달 후 서먼은 『뉴욕 타임스』와의 인터뷰에서 준비된 대답을 한다. 타란티노가 그녀에게 안전하지 않은 자동차를 스턴트 대역을 쓰지 않고 대신 직접 운전하라고 명령하면서 "거의 죽을 수도 있는 상황에 몰아넣었다"라고 밝혔다. 결국 자동차 사고가 발생했고 지금까지도 회복되지 못한 부상을 당했다. 서먼은 그전까지만 해도 타란티노가 학대에 가까운 행동을 할 때마다 —한번은 얼굴에 침을 뱉기도 했다— "성질난 오빠와 진흙탕에서 레슬링을 한다고 생각했다"라고 고백했다. 하지만 이 자동차 스턴트 장면만큼은 달랐는데, 생사가 걸린 일이었기 때문이다. "나에게 못되게 구는 사람을 나를 '사랑하는' 사람으로 오해하지 않게 되기까지 47년이라는 시간이 필요했다." 그녀는 그 시간을 돌아보았다. "이렇게 오래 걸려 깨달은 이유는 소녀들은 괴롭힘과 사랑이 어떤 식으로든 연관이 있다고 믿으며 자라기 때문일 것이다. 우리는 성숙해진 후에야 그 잘못된 생각에서 빠져나올 수 있다." 여성은 괴롭힘을 받아들여야 한다고, 상대가 날 좋아하기 때문에 괴롭힌다고 잘못 배우며 자란다(남자애가 내 장난감을 망가트려도 내버려둔다). 나의 경험을 정의하는 힘은 가장 중요하게 여겨지는 힘 중 하나다.

서먼은 자신이 원한 방식으로 그녀가 겪은 고통과 여성으로 산다는 것의 어려움을 이야기하면서 함께 일했던 유력한 남성들의 실체를 밝혔다. 자신의 말이 보다 효과적으로 전달될 때까지 기다렸다. 서먼의 목표는 그저 증기를 내뿜는 것이 아니었다—이는 산업혁명 시대 비유로, 인간이 엔진이라면 압력은 반드시 배출되어야만 한다. 서먼은 진실을 말하면서 자신에게 피해를 준 남성들은 물론 이 사회 전체가 마땅한 대가를 치르게 하고 싶었을지도 모른다. 어쩌면 자신의 이야기가 여성과 여성 운동에 힘을 실어주고 페미니즘 운동을 가속할 수 있음을 알았을 수도 있다. 혹은 즉각적인 감정 배출보다는 더 큰 종류의 해방을 추구했을 수도 있다.

화 anger라는 단어는 사실 아무거나 담는 바구니 같은 단어로, 비슷하면서도 다른 감정들이 모두 포함된다. 이 안에는 격분도 있고 울화나 좌절도 있는데 보통 가해자를 향한 반감보다는 희생자들에 대한 공감이나 연대의 감정을 말한다. 이러한 감정은 평생 지속될 수는 있어도 여기에는 그저 순간적인 물리적 반응이 포함되진 않는다. 이를테면 혈압이 높아지고 심장이 빨리 뛰고 몸이 뻣뻣해지고 에너지가 솟구치는 등의 신체적 화는 아닐 것이다. 이러한 반응은 위험 앞에서의 반사 반응으로 공격을 당하는 순간에는 유용할 수 있다. 그러나 화가 만성이 되면 우리를 위험에서 보호해주기보다는 심신을 피폐하게 하고 때로 생명에도 치명적이다. 나는 가장 많이 화가 나야 마땅한 사람들이 전혀 화를 내지 않는 걸 보고 충격받곤 한다. 분노가 자신을 삼키지 못하게 내려놓은 것이다. 누명을 쓴 제소자들, 농장 노조원들, 원주민 권리 운동가들, 흑인 지도자들은 앞서 언급한 선불교 설화로 보자면 사무라이보다는 선사에 가깝다. 이들이 거세게 나올 때는 일을 처리하고 목표를 향해 나아갈 때다.

나는 1990년대 중반에 나를 성장시킨 여러 경험을 했는데 1991년에는 걸프전쟁과 미국 내 무기 실험지에서 열화우라늄에 노출된 군인과 민간인 들이 겪는 문제를 폭로하려는 환경 운동가들과 일했다. 이 상황을 알리고 싶었고 이들을 라디오 방송에 출연시킬 기회를 얻었다. 그러나 라디오 진행자와 우리는 인터뷰 목적이 각기 달랐다. 나의 동료들은 군인들을 향한 안타까움, 그 물질에 노출된 미국 시민과 이라크 국민의 안전과 건강이 가장 중요했고 이들의 고통과 해결책에 관해 말하고 싶어했다. 반면 라디오 앵커는 그 이슈에는 크게 관심이 없었다 ― 만약 여성이었다면 아마도 연극적이고 자기에만 몰두하며 변덕스럽다는 말을 들었을 사람이다. 그는 정부를 향한 증오만 쏟아내려 했고 공권력 고발에만 관심이 쏠려 있었다. 출연자들이 말하고자 하는 주제를 놓치고 이야기를 자기가 원하는 형태로 빚으려고 했다.

아이다 B. 웰스부터 돌로레스 우에르타Dolores Huerta와 하비 밀크Harvey Milk와 빌 맥키번Bill McKibben까지 대부분의 위대한 운동가들을 움직이는 가장 큰 동기는 사랑이었다. 그들이 화를 낼 때는 사랑하는 사람들이나 사회가 피해를 입을 때였다. 그들이 무엇보다 우선시하는 건 보호이지 복수가 아니다. 사랑이 핵심이다. 분노는 선택이다.

내가 남자라면

젊었을 때 게이 친구들과 남장여장 파티를 열었다. 당시 사귀던 남자친구는 어머니의 손길이 들어간 빼어난 여장을 선보여 많은 이성애자 남자들의 눈길을 사로잡았다. 그 남자들은 착 달라붙는 슬립을 걸친 요부 앞에서 혹여나 자신의 이성애성을 타협이라도 해야 할까봐 걱정하는 듯했다. 나는 코밑에 거뭇거뭇한 수염을 그려 로드 스튜어트^{Rod Stewart}를 닮은 남자로 변신했지만 반응은 영 시원치 않았다. 그보다 진기하게 느껴졌던 건 남장을 하고 나니 소파에 다리를 쩍 벌리고 앉아도 되고, 트림을 해도 되고, 은밀한 부위를 벅벅 긁어도 되고, 사람들을 빤히 쳐다보거나 욕을 내뱉어도 된다는 점이었다. 다른 사람들을 즐겁게 해주거나 호의적으로 행동하지 않아도 되니 마냥 편하기도 했다. 하지만 그 사람이 꼭 내가 되고 싶은 사람은 아니었다.

나만큼 나이 먹은 사람들은 초등학생 때까지만 해도 여학생들이 바지를 입고 학교에 가지 못하는 시절이 있었음을 기억할 것이다. 당시 한 지역 신문에는 여자들이 너도나도 바지를 입으면 성별 구분이 사라질 것이라며, 마치 그렇게 되면 말세라도 온다는 듯이 툴툴거리는 글이 실리기도 했다. 나는 상당히 오랜 날을 청바지를 입고 험한 지형에도 끄떡없는 신발을 신었고, 동시에 립스틱을 바르고 머리를 길게 길렀다. 여자로 살면서 전통적으로 남성적이라 여겨지는 행동과 여성적이라 여겨지는 행동 사이에 그어진 선 위를 걸을 수 있었다. 하지만 문득 내가 남자였다면 내 인생이 과연 어떻게 흘러갔을지 궁금해진다. 이 말은 내가 남자가 되길 갈망한다거나 젠더 불쾌감과 관련된 고통을 겪었다는 의미가 아니고 내 몸이나 섹슈얼리티나 자아감의 문제 등 트랜스들이 거치는 감정을 느꼈다는 말도 아니다.

　나는 여성으로 사는 것의 많은 부분을 사랑한다. 하지만 가끔은 이것이 나를 옥죄는 감옥처럼 느껴지는 때가 있고 때로 이 감옥을 박차고 나가면 어떨지 상상하기도 한다. 물론 남자로 산다는 것 또한 다른 종류의 감옥에 갇히는 일임을 잘 안다. 내가 알고 사랑해온 수많은 이성애자, 양성애자, 동성애자 남성 또한 내가 짊어지지 않아서 다행이라고 생각할 정도의 무거운 짐을 양어깨에 얹고 살고 있다. 이 사회는 자고로 남자라면 금해야 할 행동과 참아야 할 말과 막아야 할 감정이 있다고 말한다. 사회는 소년들이 이성애적 남성성이라는 편견과 일치하지 않는 행동을 하지 못하게 감시하고, 그런 사회에서 자라는 성장기 소년들 사이에서 **계집애**나 **동성애자**라는 단어는 비하와 조롱이 담긴 최악의 욕이다.

1970년대에는 일부 남성들이 남성의 해방이 여성의 해방과 공존할 수 있다는 사실을 깨닫기 시작했고 시위 중에 다음과 같은 깃발을 들었다. "남자들은 그저 성공의 도구가 아니다." 한편 나는 여성이라면 어떤 식으로든 실패하리라는 기대에서 벗어났다. 즉 성공함으로써 반항했다고 할 수 있다. 그러나 내 시대의 많은 백인 중산층 남성들은 실패함으로써 반항하기도 했는데 자신들을 향한 기대가 애초에 너무 높게 설정되었고 그 기대가 과중했기 때문이다. 그들은 더 많은 지원을, 때로는 본인의 노력 이상의 지원을 받았으나 그만큼 더 많은 부담을 느끼고 그 기준에 맞추기 위해 발버둥 쳐야 했다. 그들은 대통령이 될 인물이고, 어머니의 자랑이나 기쁨이 될 장남이고, 가족의 유일한 수입원이 되어야 했고, 매일 단위로 영웅이, 어떤 식으로든 탁월한 존재가 되어야 했다. 그저 착하고 건실한 건 칭찬받을 만하지 않았다. 그러나 성공은 그들 앞에 놓여 있었고 이것은 당연히 이점으로 작용하며 지금도 그렇다. 여전히 직업 일선에서는 광범위한 불평등이 나타난다. 2015년 『뉴욕 타임스』에 이런 글이 실렸다. "존이라는 이름을 가진 남성 경영자보다 전체 여성 경영자 숫자가 적다." 미국의 대기업에는 "여성 한명당 존, 로버트, 윌리엄, 제임스라는 남성 경영자가 네명씩 있다."

나의 어머니가 건강하게 살아 계셨을 때 나는 농담처럼 나의 가장 큰 문제는 내가 완벽한 아들이 아니라는 점이라고 말하곤 했다. 내가 볼 때 어머니가 나에게 기대한 부분과 아들들에게 기대한 부분이 판이했다. 나는 또 웃으면서 아들이 엄마 집의 지붕을 고쳐주어야 하는 사람이면 딸인 나는 엄마 마음을 고쳐주어야 하는 사람이냐고 묻곤 했다. 어머니는 나에게 불가능한 조합을 요구했다. 둘도 없는 친구이면서 비밀을 털어놓을 사람이고 돌보는 사람이자 언제든 무엇이든 버릴 수 있는 쓰레기통이며 앞일 걱정 없이 화내고 소리 지를 수 있는 대상이었다. 반항도 못하고 떠나지도 못하고 자기주장을 내세우지 않는 사람, 그러니까 사람이지만 사람이 아닌 사람이었다. 어머니 역시 그런 사람이 되도록 교육받았기 때문일지도 몰랐다. 어머니는 샌프란시스코에서 북쪽으로 32킬로미터 정도 떨어진 동네에서 살았고 나 또한 열여덟살 이후부터 근처에 살았기에 가능한 한 어머니를 자주 찾아뵈었다. 명절과 어머니의 날과 생신에 선물을 들고 가서 어머니의 말을 들어주고 그때그때 필요한 도움을 주면서 동시에 혼자 자립적으로 살고 있었다(나는 열일곱살에 집을 나온 후부터 경제적으로 독립했다). 그러나 딸이었기 때문에 그것만으로는 충분하지 않았다.

지금 와서 돌아보면 어머니는 자신이 갖지 못했던 기회를 내가 가졌다는 이유로 화가 나 있었고 어떤 면에서는 나의 직업이 어머니의 돌보미 역할을 적절히 수행하는 데 방해가 된다고 보았다. 아니 내가 일반적으로 말하는 돌보는 사람이 되지 못한 점이 불만이었다. 어머니에게 헌신하지 않고도 떳떳할 수 있으려면 내 인생을 다른 사람에게, 즉 결혼해서 남편과 아이에게 바쳐야 했지 내 일을 하고 내 인생을 살아가면서 그럴 수는 없었다. 내가 젊었을 때 어머니는 다음과 같은 옛말을 읊곤 했다. "아들은 결혼하면 남이고 딸은 언제까지나 딸이다." 어머니의 기대 안에는 이런 함의가 숨어 있었다. '나는 내 평생 다른 사람들을 위해 희생했어. 그러니 너는 나한테 희생해.'

나는 희생할 사람이 아니었으나 내 일은 다른 사람이 나에게 불만을 느끼는 요인이 되는 모양이었다. 나는 조기 입학했고 역시 조기 졸업해 UC 버클리의 언론학 대학원에 진학했다. 스물셋도 되기 전에 석사학위를 따고 잡지사에서 일하다 퇴사한 다음 프리랜서 작가의 길로 들어섰고 이 일로 지난 30년간 밥벌이를 했다. 서른에 첫 책을 출간했고 이어 또 한권을 추가했으며 지금까지 대략 스물네권의 책을 발표했다.

영향력 있는 책을 여러권 출간한, 나보다 연배가 높은 페미니스트 작가와 친해지면서 우리가 다수의 책을 출간했다는 사실에 씩씩대던 남자들에 대해 이야기하며 웃곤 했다. 그들은 누가 되었건 자기가 매력을 느끼고 사귀고 싶은 여성보다는 본인이 더 성공해야 한다고 느끼는 듯했고 우리의 재능이나 저작을 공격적이고 경쟁적인 행동으로 여겼다. 여성은 남성에게 이와 같은 방식의 감정을 갖지 않는다(물론 예전에 한 소설가가 자신의 전부인은 자신을 판돈을 건 경주마처럼 여겼다고 말한 적이 있다). 우리는 웃으며 말했다. "내가 당신을 만날 줄 알았다면 그 원고를 불태워버릴 걸 그랬네요." 나중에 이런 말도 했다. "이 책 때문에 내 머리가 커 보여서 문제인가요?" 남자들도 학창 시절 공붓벌레나 괴짜라고 놀림당하기도 하지만 남자가 지나치게 똑똑해서 문제 될 건 없다. 많고 많은 여학생들이 자신의 빛나는 지성을 숨기거나 내려놓거나 평가절하하거나 의심한다. 확고한 주장이나 명료한 사고는 세상이 바라는 배려나 공손함과 양립하지 못하나보다.

남성에게 자신감이라고 여겨지는 자질을 여성이 내보일 때는 경쟁심으로 비친다. 남성에게는 리더십 발휘지만 여성에게는 위세 부리기다. **드세다**bossy라는 단어는 **헤픈 여자**slut나 **바**

가지 긁는 사람[nag]처럼 남성에게는 거의 쓰이지 않는다(2019년 경선 기간에 **카리스마 있다**는 특정 성별을 긍정적으로 묘사하는 단어가 되었다). 몇십년 전에 격투기 분야에서 세계 챔피언을 차지한 여성을 알게 되었는데 그 여성의 시가는 아들이 며느리를 힘으로 이길 수 없다는 사실에 대해 불편함을 숨기지 못했다고 한다. 물론 아들이 며느리에게 폭력을 쓰기를 원한 건 아니었겠지만 남편이 아내를 제압하지 못하고, 하지 않아야 할 싸움에서 이길 수 없으니 남성성을 거세당한 기분일 거라 짐작했다. 남편 입장에서는 터무니없는 헛소리였다.

젊었을 때도 나는 나의 지성과 지적 노동이 순수하게 칭찬받을 만한 일이고 자부심의 원천으로 인정받길 바랐지 누군가의 기분을 거스르지 않도록 조심스럽게 다루어야 하는 것으로 보고 싶지 않았다. 성공은 이성애자 여성에게는 실패의 의미를 내포하고 있는데 과거 이성애자 여성에게 성공이란 남자를 막강한 신처럼 느끼게 해주는 것이었기 때문이다. 버지니아 울프는 이렇게 회상했다. "수세기 동안 여성은 남성을 실제 크기보다 두배 더 크게 보이게 해주는 달콤한 마법의 거울로 존재해왔다." 당신은 의무적으로 이 거울이 되어야 하고 남성들은 이 거울을 당연한 권리처럼 받아들인다.

나는 사회적으로 성공한 남성들을 많이 만났고 그 옆에는 일평생 남편을 뒷바라지하며 남편의 그늘 밑에서 산 아내들이 있었다. 지금까지도 일부 계층에서는 성공한 남성과의 결혼이 여성이 이룰 수 있는 최고의 성취로 여겨진다. 그중에는 만족스러운 인생을 사는 이도 있지만 상당히 많은 이들이 조력자이자 하녀로 축소되고, 이혼했을 때는 자신이 성장시키고 누리기도 했던 그 정체성과도 이혼하게 되는 경우가 많다. 과거 남자가 모험을 떠나고 성공을 추구할 때 여자들을 집에서 자녀를 양육했다. 지금도 그렇다. 화려한 경력과 화목한 가족을 가진 이성애자 남성들에게 그 누구도 어떻게 그 모든 일을 다 해냈느냐고 묻지 않는다. 그 답을 알기 때문이다. 옆에 아내가 있어서다.

1972년 페미니즘 잡지 『미즈』*Ms.*의 창간호에는 "나는 왜 아내를 원하는가"라는 획기적인 제목의 에세이가 실렸다. 이 글에는 아내가 남편과 자녀를 위해 매일 하고 있는 수백가지 일이 빼곡히 적혀 있고 여성은 만능 일꾼으로서 기능하고 있다. 최근에도 내 친구가 어린 아들을 데리고 외출했을 때 그에게 쏟아지던 미소와 칭찬에 깜짝 놀랐다고 했다. 마치 아버지가 자기 핏줄을 돌보는 일은 특별 점수를 받을 수 있는 선택 과목처럼 여기는 듯했다. 경제적 책임 외에 아버지가 하는 모든 일은 보너스로 여겨지고 어머니는 아무리 노력해도 외적·내적 검열에 시달린다. 이 또한 여성이 남성이 되고자 하는 이유 중 하나일 것이다(그리고 아이를 갖기로 한 선택은 남성보다는 여성에게 완전히 다른 의미를 지니는데 엄마가 희귀한 보물을 갖지 않은 한 그렇다. 그 보물이란 즉 육아를 동등하게 분담하는 파트너를 말한다). 내가 남자라면 혹은 나에게 여성 파트너가 있었다면 나는 결혼이나 자녀 문제에 있어 지금과는 완전히 다른 선택을 내렸을지도 모른다.

종종 여자의 능력과 성취를 참아주는 남자는 아량이 넓은 남자라는 함의가 담긴 말을 듣는다. 사실은 많은 여성이 집안의 가장이나 고연봉 수령자가 되면서 점점 더 많은 이성애 커플이 여성의 성공을 받아들이고 있다(레너드 울프Leonard Woolf는 자신보다 훨씬 유능했던 아내를 지지한 대표적인 남성이다). 성공한 여성을 옆에 둔 남성 파트너들을 **담담하다, 기안 눌린다, 괜찮아한다, 잘 처신한다, 가볍게 넘긴다**고 묘사하기도 한다. 이는 여성의 성공이 일종의 짐이자 침해이고 부적절한 행위로 간주되고 있음을 드러낸다. 만약 남자가 똑똑하고 잘난 여성을 힘겨워한다면, 평범하거나 그에 못 미치는 여성을 대하긴 쉬울까? 여성의 평범함은 안전함, 더 나아가 바람직한 요소가 되는 것일까?

자라면서 나는 연사나 관심받는 주체가 아니라 관객이 되어야 한다는 사실을 알았다. 길거리에서 마주친 낯선 사람에게 생글생글 웃으라는 말을 듣는 나이가 지났을 때도 처음 보는 사람이 다가와 자신의 이론과 지식을 장황하게 풀어놓곤

했고 그 대화에서 교류의 느낌은 전혀 찾을 수 없었다. 어떤 이들에게 대화란 일방통행을 의미하는 듯했다. 교실에서 발표를 독차지하던 소년들이 회의실에서 목소리 큰 어른이 되고, 여자보다 남자가 월등히 자주 말을 막고 끼어든다는 연구 결과를 통해 우리는 익히 이 현실을 알고 있다.

1990년대에 설치미술가 앤 해밀턴Ann Hamilton은 학생들에게 120×240센티미터 크기의 가벼운 합판을 일주일 동안 어딜 가든 지니고 다녀보라고 했다. 학생들은 이제까지 얼마나 자유롭게 공간을 이동했는지 의식할 수 있었다. 합판을 들고 있으니 일단 불편했고 사람들과 자꾸 부딪쳐 시도 때도 없이 사과를 해야 했다. 때로 여성에게 성공이란 이런 짐짝처럼 느껴지기도 한다. 거추장스러울 정도로 커서 다른 사람들의 길을 막아 주기적으로 미안하다고 사과해야 하는 일이다. 어떤 면에서도 실패의 느낌이 전혀 포함되지 않은 당당한 성공을 하면 어떤 기분일까? 어색하지도 죄송해하지도 겸손하게 낮추어 말해야 할 필요도 없고 나의 매력을 반감시키기보다는 더 강화하는 것이 성공이라면 어떨까? (무력함이 매력일 수 있다는 생각 자체가 거북하나 실제로 그렇다.)

해밀턴의 전시는 늘 화제를 모았는데 웅장한 규모와 대담한 포부 때문에 특히 1980년대 후반 미술계에서는 파격적으로 보이기도 했다. 내가 만난 그 시대 조각가나 설치미술가들

은 자신이 처한 조건을 표현한 소박하고 은밀한 작품들을 제
작하는 경우가 많았고 그 조건이란 그들이 차지한 공간의 협
소함이기도 했다. 남을 방해해선 안 되고, 정해진 선 이상을
넘어서는 안 되고, 남을 무색하게 하거나 위협해선 안 된다
는 말을 자주 들으며 자란 사람이 어떻게 크게 생각할 수 있
을까? 오래전 해밀턴에게 합판 과제에 관해 묻자 그녀는 나
에게 이런 메일을 써주었다. "나는 아직도 사과하는 습관을
완전히 버리지 못했어요. 물론 작품에 관련된 요구를 할 때는
머뭇거리지 않으려 하는 편입니다. 다만 나를 위한 어떤 일을
해달라고 할 때는 '죄송합니다'가 자동으로 나와요."

나보다 윗세대 여성들에게는 듣는 순간 귀를 의심하게 되
는 이야기들이 있고 우리는 아직 그 그림자에서 완전히 벗어
나지 못했다. 대법관 루스 베이더 긴즈버그Ruth Bader Ginsburg는
1950년대에 로스쿨에 입학하자마자 이런 말을 들었다고 한
다. "학과장이 여학생에게 한명씩 로스쿨에는 왜 입학했느냐
고, 왜 남학생 자리를 차지하고 있느냐고 물었다." 최고의 자
리에 오른 여성들만의 문제가 아니다. 여성 배관공, 여성 전
기 기사, 여성 건설업자, 여성 정비공 들은 실력이 의심된다
는 말과 남자 자리를 꿰찼다는 말, 혹은 동시에 두 말을 모두
들었다.

현대 여성들 역시 뒷목 잡게 하는 이야기들을 다양하게 구비하고 있다. 회의실에서 말할 틈조차 얻지 못하고, 준비한 아이디어를 뺏기고, 실적이 나쁜 남성보다 승진이 밀리고, 언어 성희롱을 당하고, 원하지 않은 신체 접촉을 당한다. 고위층으로 올라가도 인맥 쌓는 자리에는 초대되지 않는다. 실리콘밸리 직원들이 당한 성희롱이나 차별 사례는 너무 흔해서 업계의 예외가 아니라 법칙처럼 보일 정도이며, 많은 테크 기업들은 성희롱을 고발한 직원을 포용하기보다는 성희롱을 용인하는 데 급급해 보인다.

우리는 아직 갈 길이 멀다. 올해 여름 여자대학에 진학한 학생은 나에게 고등학교 교실과는 달리 대화를 독점하려는 남학생들이 없는 공간에서 공부하게 되어서 너무 설렌다고 했다. 새벽 세시에도 치한 걱정 없이 캠퍼스를 가로질러 귀가하는 일상도 또 하나의 기쁨이라고 했다(여성들 또한 성폭력 가해자가 될 수 있으나 남성에 비한다면 극히 드물게 일어난다). 여성들은 온라인에서도 표적이 된다. 작가 서머 브레너Summer Brenner는 시험 삼아 트위터 프로필에 오빠의 사진을 올리고 이름을 이니셜로 바꾸었더니 이전과 달리 성희롱 쪽지가 거의 오지 않았다고 한다. 여성들은 그저 남자들의 겁박과 시비에서 벗어나기 위해 남성이 되고 싶을 때도 있고 많은 여성이 그렇게 해왔다. 조지 엘리엇George Eliot, 커러 벨Currer Bell(샬럿

브론테Charlotte Brontë의 필명), 조르주 상드George Sand는 중성적인 이름이나 남자 이름으로 책을 출간했다. 그 편이 이롭기 때문이거나 적어도 불이익만큼은 최소화하기 위해서였다. 제인 오스틴Jane Austen은 평생 작자 미상으로 책을 출간했다.

내가 남자였다면 어땠을까? 나는 그다지 나 아닌 다른 사람이 되고 싶지 않으나 가끔 다른 사람처럼 대접받고 싶다고, 혹은 다른 사람이 혼자 있는 것처럼 혼자 있고 싶다고 생각한다. 특히 도시나 산에서 한점의 두려움도 없이 홀로 배회하고 싶을 때 그렇다. 누가 따라올지 몰라 자꾸 뒤를 돌아보고 지나가는 사람한테 잡힐지 몰라 긴장한다면 저 하늘의 구름처럼 유유히 방랑할 수 없다. 나는 무시당했고, 위협당했고, 침을 맞았고, 공격당했고, 움켜잡혔고, 희롱당했고, 따라잡혔다. 내가 아는 어떤 여성은 두려운 스토킹 때문에 몇년 동안 숨어 산 적도 있다. 내가 아는 또다른 여성들은 납치당하고, 강간당하고, 고문당하고, 칼에 찔리고, 돌로 맞고, 죽기도 했다. 이것은 당신이 느끼는 자유의 크기에 영향을 미친다. 최소한도로 말해서 그렇다.

혼자 외출할 때마다 내 의식 안쪽은 오늘 하루도 과연 무사할지에 대한 질문으로 채워져 있다. 물론 아이슬란드나 일본처럼 치안이 좋은 국가에 갔을 때나 유일한 위협이 곰뿐인 외딴 장소에서는 그런 생각을 안 할 수도 있다. 워즈

워스Wordsworth, 루소Rousseau, 소로Thoreau, 게리 스나이더Gary Snyder 등 수많은 남성 작가들이 고독한 산책 속에서 사색하며 글감을 떠올렸고 나 또한 그래왔으나 가끔은 외적인 방해와 함께 나 스스로 내적 감시를 한다. 나는 백인이기에 유리했다는 사실도 잘 안다. 백인이라서 흑인들이 갈 수 없는 장소에 갈 수 있었다는 건 흑인으로 태어났다면 내 인생이 어떻게 되었을까에 대한 짧은 대답이기도 하다. 상상할 수 있는 모든 차원에서 달랐을 것이다.

자기표현의 목적이 아니라 현실적인 이유로 남장이나 여장을 한 사람들의 이야기들도 얼마든지 많고 백인인 척하는 사람들의 이야기도 많다. 데버라 샘프슨Deborah Sampson과 애나 마리아 레인Anna Maria Lane은 영국과의 독립전쟁에서 남장을 하고 싸웠다. 역시 남장을 하고 남북전쟁에 참여한 연합군 여성도 많았다. 조르주 상드는 19세기 프랑스 문학계에서 살아남기 위해 남자 이름을 사용했고 파리 시내를 걸을 때면 남자 복장을 착용했다. 남장 덕분에 성희롱만 피한 게 아니라 험하고 불결한 도시를 걷기 힘들게 하는 치렁치렁한 옷과 불편한 신발도 걷어낼 수 있었다. 하늘하늘한 옷을 튼튼한 바지와 부츠로 바꾸어 날씨와 시간대에 상관없이 자유로이 쏘다녔고 그 경험을 지극히 사랑했다.

여성들이 착용해왔고 지금도 입는 의상 중에는 일상에 방해가 되는 옷이 많다. 2001년 9월 11일 세계무역센터를 탈출할 때 맨발로 뛰다가 발이 찢어진 여성들이 있었다. 신고 있던 신발로는 도저히 빨리 달릴 수 없었기 때문이었다. 하루 대부분을 주변 사람보다 더디고 불안정하게 하는 신발을 신고 사는 생활은 어떨까? 일부 여성들은 자유로운 몸놀림이 어려운 꽉 끼는 옷, 찢어지기 쉬운 옷, 자칫하다 걸려 넘어질 수 있는 옷을 입는다. 그런 의상이 재미있고 눈을 즐겁게 해줄 수는 있겠으나 생활복으로 입기엔 여전히 불편하다.

젠더는 우리에게 공간을 형성한다. 사회적 공간, 발화의 공간, 직업적 공간, 그리고 말 그대로 물리적 공간을 형성한다. 내가 공동 저자로 뉴욕의 지도책을 쓰면서 발견한 것은 도시 경관에도 우리의 정체성이 나타나 있다는 점이다. 수많은 거리와 건물에 남성의 이름이 붙어 있고 여성의 이름을 딴 명칭은 거의 없다. 라파예트 스트리트, 매디슨 애비뉴, 링컨 센터, 록펠러 센터 등이 그렇고 패터슨이나 레빗타운, 모리스타운 등 마을 이름도 온통 남자 이름이다. 이 도시의 명명법은 남성들이 위대한 장군, 사업가, 대통령, 국회의원처럼 유명한 인물을 자신과 같은 선상에 놓을 수 있도록 독려한다. 나와 공저자들은 뉴욕의 모든 지하철역에 이 도시 출신의 훌륭한 여성들 이름을 붙여보았다. 작년에 컬럼비아 대학(물론 크리스토퍼 콜럼버스Christopher Columbus 이름을 딴 대학이다) 학생들과 이 작업에 대해 논의하고 있을 때 젊은 유색인 여성이 자신은 평생 구부정한 자세로 다녔는데 자기와 같은 이름이 보이는 도시라면 어깨를 펴고 걸을 수 있었을 거라 이야기했다. 또 한 사람은 여자 이름이 붙은 거리에서도 성희롱을 당할지 궁금하다고 했다. 이 세상은 평평하지 않다. 걸려 넘어질 돌부리도 여전히 많고 새롭게 발견할 공간도 있다.

나는 여자로 사는 것이 좋다. 공원이나 식료품점에 들어갈 때 아이들을 바라보고 웃어주고 말을 건넬 수 있어서 좋다. 그럴 때면 누구도 나를 소아성애자나 납치범으로 보지 않을 거라는 자신이 있다. 내가 남자였다면 조금 더 복잡해졌을 것이다. 또 하나의 은근한 장점이 있으니 표현의 자유다. 나는 다른 여성들에게 감정을 거리낌 없이 표현하며 친근한 관계를 만들어갈 수 있다. 또한 성인기에 나와 친구가 된 게이 남성들은 대담하고 흥겹고 영리하게 남성성의 법칙을 깨면서 편견에 갇힌 나를 깨우고 진짜 내가 되게 해주었다. 해방은 전염성이 높은 사업으로, 젠더를 해체하고 재조립하는 사람들 사이에서 성장하면 나 같은 이성애자 여성도 해방감과 자유를 만끽할 수 있다.

그리하여 나는 남자가 되고 싶지는 않다고 생각한다. 그저 우리 모두가 자유롭기를 바란다.

2부

오프닝

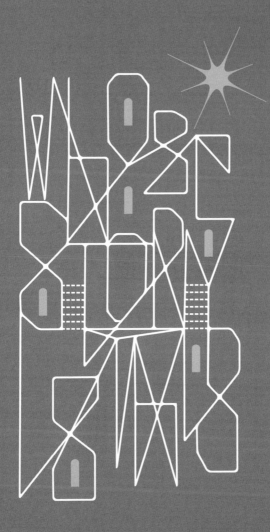

건너다

사전에서 **transgress**(넘어서다, 벗어나다)를 찾아보면 법이나 관습을 깨고 경계선이나 한계를 뛰어넘는다는 뜻이라고 나온다. 라틴어에서 유래해 프랑스를 거쳐 영국까지 닿게 된 유목민 같은 단어로 본래의 의미는 단순히 뛰어넘다, 건너다라는 뜻이다. 국경은 언제나 넘을 수 있다. 국경선을 그렸다는 건 그저 우리가 꿈과 상처와 의미와 이삿짐 보따리와 새로운 아이디어와 아이들을 데리고 넘을 선을 하나 그렸다는 뜻일 뿐이다. 현관문 앞 문지방도 공적 장소와 사적 장소, 내 것과 우리의 것을 나누는 문턱•이 될 수 있다. 경계, 문턱이라는 말은 느낌상의 문지방으로, 주를 넘어 다른 주로 간다는 의미보다는 두개의 주 사이에서 서성이거나 맴돈다는 느낌으로

• liminal. 문턱, 역치, 구조의 시작점. —옮긴이

사용된다.

이 단어에서 파생된 명사인 위반transgression이라는 단어는 가끔은 공간적 의미가 되고 가끔은 물리적인 선과 공간을 건너다기보다는 규칙이나 개념이나 가정을 뛰어넘거나 반발하는 행위를 가리킨다. 결국 우리는 모두 통증 역치와 도덕적 경계선을 갖고 있다. 가끔은 막연한 가정이나 추측이 위반이나 반발, 혹은 적어도 진실이 되기도 하고 복잡한 현실을 받아들이는 일이 되기도 한다. 사람들은 우리가 지금 알고 있는 선이 그려지지 않았을 때도 그 너머로 훌쩍 넘어간다. 스페인 탐험가 알바르 누녜스 카베사 데바카Álvar Núñez Cabeza de Vaca는 텍사스 땅을 처음 밟은 최초의 백인 중 한명으로 알려져 있다. 그의 탐험대원들은 옷으로 돛을 만든 거룻배와 말가죽으로 만든 배를 타고 가다 폭풍우를 만나 걸프만 근처의 휴스턴에 상륙했다. 역사는 이 순간을 1528년에 최초의 흑인이 텍사스에 도착한 순간이라고 기록하기도 하는데, 카베사 데바카는 당시 스페인 사료에 **니그로**라고 적힌 모로코 남성과 함께 여행 중이었다. 그 남성은 에스테바니코Estevanico라고만 알려져 있으며 본명은 기록에 남아 있지 않다.

최초로 플로리다에 상륙한 후 조난을 당하고 온갖 고초를 겪었던 스페인 탐험대 모두가 가톨릭이었으니 같은 배에 탄 에스테바니코 또한 가톨릭으로 추정되는데, 그가 자발적으로 개종했을 리는 없고 그 종교에 진심이었을 것 같지도 않다. 무어인, 아프리카인, 기독교 사회의 무슬림 포로인 에스테바니코는 타의에 의해 미국으로 떠났고 북미 대륙을 거의 10년이나 방랑하다 낯선 장소에서 길을 잃었다. 백인성과 기독교가 텍사스에 도착한 순간은 이슬람교와 흑인성이 도달한 순간이기도 하다. 이 땅에서 에스테바니코와 카베사 데바카는 둘 다 이방인이었다가 포로로 잡혔다가 원주민처럼 살다가 병을 고치는 치유자와 신성한 자들로 추앙받기도 했다. 그들이 걸어 들어온 곳은 아직 텍사스로 인지되기 전의 땅, 미합중국으로 선포되기 몇세기 전의 영토, 리오그란데강이 지금처럼 멕시코와 미국 사이 국경선이 되기 300년 전, 그저 원의미에 충실하게 다량의 물이 흐르고 식수를 공급하는 강이었을 뿐인 때였다.

에스테바니코의 인생은 전환과 변신과 위반의 연속이었다고 할 수 있다. 10여년간의 북미 탐험 중 열두군데도 넘는 원주민 마을을 통과하면서 수없이 자기가 아닌 다른 사람이 되어야만 했다. 그가 속한 탐험대가 플로리다에 상륙하기 1, 2년 전에 당시 유럽이 알고 있던 세계 지도는 세비야의 지도 제작자 누뇨 가르시아 데토레노Nuño García de Toreno가 그린 지도뿐이었다. 그 지도에는 북미와 남미의 동부 해안선은 비교적 정확하게 그려져 있고 마치 핀을 꽂아 놓은 것처럼 지명도 빽빽하게 적혀 있었으나 내륙으로 들어갈수록 백지였다. 당시 북미 지도에는 태평양이란 단어도 없었고 그저 중앙아메리카의 가는 허리 위아래로 긴 물결 모양의 해안선을 대충 그려놓았을 뿐이었으며 그 외에는 텅텅 비어 있었다. 당시 유럽 사람들이 대서양 외에는 아무것도 몰랐음을 나타낸 지도라 할 수 있다. 지금 이 지도를 들여다보면 근대사회에 이루어진 합의들—미국의 유럽화, 세계 지도, 어느 땅이 어느 국가에 속한다는 가정, 영토를 나누기 위해 정교하게 그려진 국경선들—은 이 지도가 제작된 시기 이후에 등장했다는 사실을 상기하게 된다. 따라서 지명과 국경선이란 특정 조건에서 산출된 결과일 뿐이고 그 조건은 다시 변할 수 있다. 현재 지도상의 수많은 선 중 진짜 선은 대륙과 해양을 구분하는 선일 뿐이나 기후변화로 인해 해안선 또한 변하게 될 것이다. 해수면이 상승하면 데토레노가 그린 지도와 현재의 모든 지도는 낡은 것이 되어버릴 것이다. 그 외의 지도 위 선들은 독단적일 뿐이다. 그 선들은 과거에 수없이 변해왔고 앞으로도 변할 것이다.

텍사스Texas라는 단어는 북미 대륙에 남은 원주민 지명인 디날리나 유카탄처럼 원주민의 단어다. 원래는 장소 이름이 아니었다. 친구나 동지를 뜻하는 단어이면서 환영 인사이기도

했다. **안녕, 내 편**이란 뜻이다. 『텍사스 핸드북』*Handbook of Texas*이
라는 책에는 이 단어의 다양한 변형이 나온다. "tejas, tayshas,
texias, thecas? techan, teysas, techas?" 이 단어는 번역 과정
에서 의미가 바뀌어 우정이나 인사의 의미는 사라지고 지명
에 붙었다. 원뜻은 아직도 일부 단어에 남아 있는데, 텍사스
지역에 사는 히스패닉계 주민들을 테하나스*Tejanas*나 테하노
스*Tejanos*라 하고 그들의 음악을 테하노*Tejano*라고 부른다. 카
베사 데바카의 기록에 따르면 당시 원주민 언어로 **아우이어**
*Auia*라 불렸던 장소는 현재 갤버스턴이다. 갤버스턴은 베르
나르도 비센테 데갈베스 이 마드리드*Bernardo Vicente de Gálvez y*
*Madrid*의 이름을 따서 지었다.

카베사 데바카와 그의 동료들은 정복자라기보다는 오히려
그 반대였다. 이 땅과 원주민들이 그들을 정복하고 변화시켰
다. 그들은 길을 잃었다. 도무지 어디에 와 있는지 알 수가 없
었고 이 지방 동식물에 대한 어떤 정보도 없었으며 언어와 관
습도 몰랐다. 그들은 지구를 떠나 다른 별에 도착한 사람과
거의 같은 수준의 이방인이었다. 어쩌다보니 넘어왔고, 폭풍
에 떠밀려 왔고, 방랑을 거듭했고, 그러다가 이 땅에 처음 왔
던 사람이 아닌 사람으로 변모했다. 카베사 데바카가 남긴 기
록을 보면 햇볕에 말린 긴 육포를 스페인어에 원주민 단어를
합한 **타사하르**tassajar라고 부르는데 그들 중 에스키벨Esquivel이

라는 대원이 어느날 사라진 다른 대원 소토마요르Sotomayor에게 한 행위를 묘사하기 위해 사용했다. 소토마요르는 음식이되어 미지의 땅을 여행했다고 할 수 있다. 그들은 사막에서방황하다 부채 선인장의 즙을 짜 마시면서 목을 축였다고도한다.

상징metaphor이라는 단어는 생각보다 **넘어서다(벗어나다)**trangrass라는 단어와 가깝게 맞닿아 있다. 상징의 어원인 그리스어의뜻은 옮기다 혹은 들고 가다이다. 그리스의 버스나 이삿짐 트럭에 이 단어가 쓰여 있기도 하다고 현지인에게 들었다. 이단어의 원뜻을 생각하면 시리아 난민들이 자칫 가라앉을 수도 있는 부실한 배를 타고 그리스로 오는 장면을 생각하게 된다. 혹은 내전지를 떠나 지중해를 건너 환영받지 않는 곳으로가기 위한 시도들을 떠올리게 된다. **피난민**refugee이라는 단어는 피난처refuge라는 단어에서 왔지만 피난민들이 언제나 피난처를 찾을 수 있는 건 아니다. 상징은 비슷하지 않은 것을 비슷하게 보이게 한다는 면에서 위반이라 할 수 있다. 설치미술가 모나 하툼Mona Hatoum의 작품에서는 아기 침대도 창살이있기 때문에 감옥이 된다. 이 창살을 유리로 만들면 시험관이다. 아기 침대가 시험관으로 둘러싸이면 실험의 공간이 된다.아기가 없으면 상상으로 채울 수 있다.

상징은 우리가 범주를 어떻게 정의하는지가 아니라 범주 사이의 문턱을 어떻게 넘나드는지와 관련이 깊다. 상징은 범주와 상이함 사이를 잇는 다리다. 그 다리를 통해 우리는 구체적인 것과 형이상학적인 것을 연결하고 작은 존재와 큰 존재, 생명과 무생물, 인간과 비인간을 연결 짓는다. 가끔 상징은 언어에 너무나 깊이 새겨져 있어서 어떤 대상에 어떻게 우리 몸의 언어들이 붙게 되었는지 기원을 알 수가 없다. 산이 언덕foothill이 되고 강에는 상류headwater와 하구mouth(신기하게도 정반대 지점에 있다)란 단어가 생겼다. 꽃병에는 목이 있고, 의자에는 팔이 붙는다. 탁자에는 다리가 어울린다. 우리는 습관적으로 우리 몸을 통해 생각하기에 모든 곳에서 몸을 보고 몸의 단어를 이용해 생물과 무생물, 크고 작은 물체와 시스템의 작동법을 이해한다. 바늘과 폭풍에도 둘 다 눈이란 단어가 쓰인다.• 상징은 어떤 면에서는 어떤 정도까지 비슷한 것을 연결하는 과정이기도 하기에 곧이곧대로의 사실만 믿는 사람들은 어떤 상징은 다르다고 반대하기도 할 테지만 상상력이 풍부한 사람들은 비슷한 것만 연결 짓는 데는 한계가 있다고 말할 것이다.

• 우리말의 바늘귀가 영어로는 바늘눈(needle's eye)으로 쓰인다. '낙타가 바늘구멍을 통과하는 것만큼 어렵다'는 표현에 등장하는 바늘구멍을 영어로 'eye of the needle'이라고 한다. —옮긴이

『옥스퍼드 영어 사전』*Oxford English Dictionary*에 따르면 **국가**country
의 어원은 "앵글로 노르만어의 contré, countré, cuntré이며
앵글로 노르만어와 고대 프랑스어의 cuntree에서 왔다." 이
어근 중 하나는—우리가 단어를 식물처럼 뿌리를 갖고 있
다고 이해하는 이유는, 단어는 한자리에 있지만 살아 있기
도 하다는 점을 나타내고 싶어서다—contra로, 이는 반대
로contrary나 반대하다contradict에서 알 수 있듯이 무언가에 반
대한다는 뜻이다. 다른 상징에서 국가를 살아 있는 신체라고
도 하는데 자유롭고 동등한 개인이 자신의 신체에 통치권을
갖는 것과 비슷하다고 보기 때문이다. 상상 속에서는 신체와
국가 둘 다 분리된 독립체여야 한다. 그러나 내 몸은 당신의
몸에서 떨어져 나올 수 있어도, 미국은 멕시코에서 걸어 나올
수가 없다. 몸은 실체이나 국가는 어떤 면에서 상상 속 개별
성이며 대륙에 상상의 선을 그리면서 만들어졌을 뿐이다(일
부 섬도 그러한데, 대표적으로 도미니카공화국과 아이티가
섬 위의 선으로 나뉘어 있다). 국경선을 진정 개별적인 독립
체들을 구분 짓는 선처럼 말하는 것은 마치 새들이 리오그란
데강을 건너지 못한다는 말과도 같다. 어떤 이들에게 리오그
란데강은 두 국가를 구분하는 국경선이지만 그 강은 그저 뉴
멕시코주 중앙을 흐르는 진흙 강이기도 하다. 강 하나로 구분

할 수 있다는 생각은 마치 팔이 몸통으로부터 독립을 주장하는 것과 비슷하다.

가부장제는 이상적인 몸을 고립주의적인 국가처럼 상상했다. 섬 자체로서의 섬, 완전한 통제가 가능한 장소다. 이런 사고가 여성의 몸에 —혹은 구멍과 통로가 있고 침투할 수 있고 취약하다고 여겨지는 몸에— 문제가 있다고 여기게 했다. 물론 모든 몸은 열려 있고 다공성이다. 산소 없이 5분만 흘러도 호흡곤란으로 죽고 물 없이 일주일만 지나도 수분 부족으로 사망한다. 그러나 이 몸이 가진 성적인 관통성과 침투성과 개방성을 에로틱한 사회적 가능성으로 보면 자신을 섬이나 요새나 섬의 요새로 상상하는 남성들은 이 여성의 몸을 적대하거나 불안하게 여길 수 있다. 여성의 몸에는 많은 문턱이 있고, 다른 이가 그 경계를 넘을 수 있다는 불안 때문에 남성들은 끝없이 여성들을 가두고 통제하려 한다. 어쩌면 그들은 가부장 사회의 불안을 가두거나 통제하고 있는지도 모른다. 부계 사회 —부계의 후손들— 는 언제나 노여움에 사로잡힌 얼굴로 여성의 섹슈얼리티를 통제했다. 그 노여움은 여성의 몸을 규제하는 의복, 법률, 관습, 처벌, 건축, 규범 등으로, 남성의 권력과 혈통을 유지하는 힘이었다.

침입하다 invade의 어원은 라틴어의 **걸어 들어오다**라는 뜻으로

넘어서다와 **상징**이란 단어와도 연결된다. 강간은 또 하나의 전쟁 행위이다. 침범을 원치 않는 몸을 침범하는 행위는 그 몸에 군림하고 몸을 예속시키고 처벌하는 것이다. 국가 단위로 행한 행위가 개개인의 몸에 영향을 미칠 수도 있고, 몸에 가한 행위가 그 국가 전체와 국민의 삶에 영향을 미칠 수도 있다. 지난 몇십년간 르완다와 수단, 최근에는 시리아에서까지 강간은 점점 더 가혹해지고 착취의 공공연한 도구가 되고 있다. 여성과 소녀의 몸을 갈취하기 시작하면 가족 전체가 그 나라를 떠난다. 침입의 위협을 받으면 망명하는 이들이 증가한다. **점령 지구**란 몸에도 적용되는 용어다. 몸은 적의 점령을 피하기 위해 망명을 결심한다.

현재 미국에서는 일부 주민들이 추방되어야 할 침입자들이라는 주장과 함께 역공격이 가해지고 있다. 불법 이민자라는 개념은 국가의 개념을 몸으로 보고 외국인의 몸으로 인해 순수함이 오염되며, 국경선이란 봉인할 수 있고 봉인해야 한다고 말하는 개념이다. 그들이 꿈꾸는 국가란 자율적이고, 오염되지 않고, 통과할 수 없는 재료로 만들어진 단단한 벽돌이다. 그러한 꿈을 꾸고 있는 이들은 공기가 순환하고 물이 흐르고 상품이 움직이고 동물이 이동하는 현실을 부정한다. 또한 국경선이 지금과 달랐던 역사, 어떤 국경선도 존재하지 않았던 역사, 우리 중 많은 이가 수많은 국경선을 넘어 여기에 와서 살고 있다는 사실도 부정한다. 이러한 안전에 대한 환상은 자아와 타자가 별개이고 타자는 얼마든지 추방할 수 있다고 믿으며 **우리**가 누구이고 **그들**이 누구이냐는 질문을 거절한다. 고립주의는 국가적 단위로도, 개인의 단위로도 발생한다.

고립시키다ᶦˢᵒˡᵃᵗᵉ라는 단어의 어원은 insulatus 혹은 insula, 즉 island(섬)다. 고립은 전체 중 일부를 자립적으로 기능할 수 있는 섬으로 여긴다. 물론 많은 섬이 실제로 전혀 고립되지 않았다. 섬은 상거래의 중심지이고 철새들의 휴식처이고 많은 이들이 들고 나는 곳이다. 불법 이민자를 추적하고 처벌하는 일이 늘어나면서 많은 이들이 공공장소와 서비스 분야에서 사라졌다. 2017년『하퍼스』의 기사에 따르면 휴스턴에서 강간 사건을 신고하는 히스패닉의 숫자가 43퍼센트 감소했다고 한다. 피해자들은 불법 침입자로 처벌을 받을까봐 두려워 성적인 침범을 신고하지 못하고 있다. 이 나라는 이미 97퍼센트의 성폭행 가해자가 법원에서 유죄 판결을 피하는 나라다. 같은 기사에서 남부 뉴멕시코주의 라스크루시스에서는 이민 가정 불시 단속 후에 초등학생들의 결석률이 148퍼센트나 증가했다고 밝혔다. 전국의 수많은 학교에서 비슷한 이유로 인한 결석이 증가하며 공공장소에서 사람들이 사라진다.

『뉴스위크』*Newsweek*는 오래전 엘살바도르 내전을 피해 미국 휴스턴에 정착한 난민이 임신을 했으나 병원에 가면 체포될까 두려워 가정에서 출산할 계획을 하고 있다고 말했다. 미국과 멕시코 국경선을 반드시 지킨다는 환상, 이민자와 미국 출생자를 분리한다는 환상, 비백인과 백인을 분리한다는 환상은 여성의 생식권을 부정하는 플랫폼이기도 하다. 다시 말해 우리 몸에 대한 우리의 자치권을 부정하려는 시도다. 침범할 수 없는 국경선이라는 환상이 여성의 몸에 대한 관할권을 지켜줄 거라고 생각할 수도 있다. 하지만 생식권 논쟁에서 보수 지지층은 여성의 자유를 축소하면서 남성의 특혜를 보호한다. 국가는 침범할 수 없어야 하고 국경선은 고정되어야 한다. 반면 여성은 침범할 수 있어야 하고 여성이 그은 경계선은 넘어야 한다. 현재 텍사스주는 선진국 중에서 가장 높은 임산부 사망률을 기록하고 있으며 2010년과 2014년 사이에 두배로 뛰었다(캘리포니아주 임산부 사망률의 다섯배이다). 원인 중 하나는 텍사스주 내 가족계획 클리닉이 영업정지 조치를 받았기 때문이다.

Cell은 라틴어로 작은 방이라는 뜻으로 영어에서는 수도실이자 감방이기도 하고 생명의 가장 작은 단위이기도 해 단세포생물은 one-celled organism이라고 한다. 상징은 보통 규모를 변화시켜 효과를 보기도 한다. 단어는 예술 작품이 되고 대표가 되어 우주적인 것부터 미시적인 것까지의 규모를 넘나들며 유사성과 관련성을 찾는다. 예를 들어 이제 **은하수**라는 표현에는 너무나 익숙해 그 기원과 연관성을 따지지 않는다. 예술은 익숙한 사물을 낯설게 만들기도 한다. "어느 누구도 꽃을 보지 않는다. 진정으로 보진 않는다는 의미다. 너무 작아서다. 그리고 우리는 늘 시간이 없다고 말한다. 꽃을 볼 시간이 없다. (…) 그래서 나는 다짐한다. 내 눈에 보이는 걸 그리련다. 그 꽃이 나에게 어떻게 보이는지 그리련다. 엄청나게 크게 그려 그 꽃 한송이를 보는 데만 오랜 시간이 걸리면 모두가 놀랄 것이다." 조지아 오키프Georgia O'Keeffe는 말했다.

모나 하툼의 작품은 규모의 전환을 통해 익숙한 것을 낯설게 한다. 도시나 지구는 이차원의 작은 지도로 축소된다. 강판이나 달걀 커터 같은 작은 살림도구는 가구만큼 위협적으로 커지고 그 순간 가구는 낯설어진다. 그네의 앉는 자리 위에는 도시 지도가 새겨진다. 침대들은 불편하다 못해 고문 도구처럼 보인다. 머리카락은 침대 매트 모양으로 직조되고 작은 원형 뭉치가 되어 몸에서 나온 것이라 믿을 수 없이 낯설어 보인다. 크기는 원형을 나타내는 형식이다. 크기를 바꾸면 원형이 붕괴되고 방향감각을 상실하면서 눈과 마음이 깨어난다. 하툼의 설치 작품을 보면서 우리의 몸은 몸 자체로 깨어난다. 물론 이것들은 시각예술이고 눈을 통해 보지만 몸의 다양한

• milky way. 우유가 흐르는 강이라는 뜻으로 그리스 신화에서 유래했다. ─옮긴이

가능성을 제시하고 해체한다. 몸은 밟을 수 있는 대리석이 되고, 침대는 강판이 되어 우리의 살, 우리^{cage}, 그네를 갈아버릴 것만 같다. 이러한 예술 작품으로 무언가를 할 수 있다. 그 작품 또한 당신에게 무언가를 할 수 있다. 작품은 몸이 무엇인지 묻고 몸은 얼마든지 위기에 처할 수 있음을 말한다.

alienate: (재산권의) 소유를 이전하거나 포기하다. 다른 소유주에게 넘기다. (…) (어떤 사람을) 소외감과 적대감을 느끼게 하거나 동조하지 않게 하다.

alien: 라틴어 aliēnus(형용사)로 다른 사람에게 속한, 부자연스러운, 비정상인, 어울리지 않는, 분리된, 이국의, 외국의, 관련 없는, 다른 종인, 생경한, 이상한, 불친절한, 동조하지 않는, 호감 가지 않는, 부적절한, 부합하지 않는, 불쾌한, 혐오스러운.

하툼이 만든 지도의 해안선은 얼마든지 바뀔 수 있다. 머리카락은 몸에서 분리되어 다른 개체가 된다. 네모 격자의 물건은 계속 바뀐다. 격자로 된 창살은 무언가를 분리하기도 하고 담기도 한다. 물체들은 혼합되고, 두서없이 섞이고, 끝없이 이동한다.

이 작품들의 모든 건 원래의 서식지에서 뽑혀 나왔고 추방되었다. 그동안 너무 당연해 눈길을 주지 않았던 맥락과 크기는 생경하게 변했다. 오키프가 말한 대로 변위와 관심은 관련이 있을지 모른다. 관심을 갖는다는 건 어쩌면 낯선 세계 앞에서 살아남고 적응하기 위한 노력이 아닐까. 우리는 습관에서 깨어나고 예상치 못한 경계선 밖으로 떠밀렸을 때 비로소 관심을 갖는다. 이때 생기는 문제는 위협까지는 아닐지 몰라도 평범한 질문을 넘어설 것이다. 우리의 조건, 우리의 전형, 우리의 지도를 경계하게 하고 우리의 국경선과 경계선을 의식하게 할 것이다. 무엇이 무엇을 넘을 수 있는지와 그 의미는 계속 이동할 것이다.

attention(주의, 관심)은 기다리다라는 프랑스어 attendre에서 왔다. "기다림은 금지되었다." 하툼의 전시회에는 이 문구가 아라비아어와 영어로 금속판에 새겨져 있다. 관심 갖고 주의를 기울인다. 하지만 의미는 이동한다. 방랑하기와 남아 있기는 우리의 삶이 어떻게 만들어지고 어떻게 허물어지는지 말해주는 기준이다.

여인들의 도시•

"이건 남자의 남자의 남자의 세상이지"는 싱어송라이터 제
임스 브라운James Brown이 1966년 뉴욕의 스튜디오에서 녹음한
노래 가사다. 마음에 들건 그렇지 않건 이 가사가 적절하다고
할 수 있는 사례는 얼마든지 있다. 젊은 여성이 도시 거리를
걷다가 성희롱을 당하는 건 곧 그들에게 이 세상은 그들의 세
상, 그들의 도시, 그들의 거리가 아니라고 말하는 것과 같다.
그들의 이동이나 만남의 자유는 언제 어느 때고 제한될 수 있
다. 생전 처음 보는 남자가 젊은 여성에게 당연한 듯 순종과
관심을 기대한다. "웃고 다녀요." 남자가 이렇게 요구한다면
그는 짧고 간결하게 당신을 소유했다는 말을 하는 것이다. 그
남자가 보스다. 당신은 그 남자 말대로 해야 한다. 당신의 얼

• 「여인들의 도시」는 지도책 『논스톱 메트로폴리스』(*Nonstop Metropolis*)에 실린 스물
여섯장의 지도 중 하나로 헤이마켓 출판사에서 스탠딩 포스터로도 살 수 있다.

굴은 당신의 인생을 표현하는 것이 아니라 그의 인생을 보조해주기 위해 있다. 그는 누군가이다. 당신은 아무도 아니다.

더욱 교묘하고 영리한 방식으로, 뉴욕시는 각종 이름으로 젠더성을 영속시킨다. 대부분의 도시에 가득한 수많은 남자 이름은 이제까지 누가 힘을 행사했는지, 누가 역사의 주체였는지, 누가 부를 차지했는지, 누가 기억되는지를 나타내는 표시다. 여성들은 결혼 전에는 아버지의 성을 따르다 결혼 후에는 남편의 성을 따르는 익명의 사람들로 사적인 세계 안에서 살아가고 일부 예외를 제외하곤 대체로 잊힌다. 이런 식의 명명하기는 대륙 전체에 퍼져 있다. 많은 서구 사회의 산봉우리들의 이름을 모아보면 마치 유서 깊은 기업의 이사회에 적힌 이름을 보는 것 같다. 역사 속 여성 위인들의 이름을 딴 지명은 거의 없는 수준인데 그나마 있는 메릴랜드주는 미국에 한 번도 온 적 없는 메리 여왕Queen Mary의 이름에서 유래했다.

샌프란시스코는 이탈리아 수호성인의 이름을 빌려왔고 뉴올리언스는 루이 14세의 동생인 오를레앙 공작duc d'Orléans에서 나왔다. 뉴욕시와 뉴욕주는 요크 공작duke of York의 이름에서 나왔는데, 영국이 네덜란드에서 이 땅을 빼앗은 후 찰스 2세가 동생이자 이후 제임스 2세가 되는 요크 공작에게 이 땅을 하사했다. 뉴욕시와 뉴욕주 내부에도 온통 남자 이름뿐이다. 뉴욕 지하철 6호선의 종점인 북쪽 끝의 펠럼 베이는 미스터 펠Mr. Pell에서 왔고, 펠럼 베이가 위치한 자치구인 브롱크스는 스웨덴 태생인 요나스 브롱크Jonas Bronck에서 왔다. 이 6호선은 맨해튼까지 이어지는데 그래도 맨해튼은 독특하게도 원주민 지명에서 유래했다(레나페족은 브롱크스를 라난츠쿠아Rananchqua, 다른 원주민들은 케스케스켁Keskeskeck이라 불렀다).• 맨해튼에서 여섯 정거장을 내려가면 렉싱턴 애비뉴가 있고 그 옆에 평행으로 놓인 매디슨 애비뉴는 제임스 매디슨James Madison 대통령의 이름을 붙인 것이다.

지하철이 맨해튼 동남쪽으로 내려오면 헌터 칼리지에 내리게 될 수도 있다. 이 대학은 원래 여자대학이었지만 토머스 헌터Thomas Hunter의 이름을 따왔다. 몇 정거장 더 오면 모피 거래로 부호가 된 존 제이컵 애스터John Jacob Astor의 이름을 단 애스터 플레이스가 있다. 근처의 워싱턴 스퀘어는 물론 잘 알려진 대통령 이름에서 왔다. 더 내려가면 나오는 블리커 스트리트는 이 지역의 농장을 소유했던 앤서니 블리커Anthony Bleecker의 이름이다. 라파예트 스트리트는 라파예트 후작Marquis de Lafayette의 이름이다. 물론 여기까지 오는 도중에 왼편으로 링컨 센터, 콜럼버스 서클, 록펠러 센터, 브라이언

• 노스브롱크스에 있는 허친슨강과 허친슨 리버 파크웨이는 드물게도 여성의 이름에서 유래했다. 앤 허친슨(Anne Hutchinson)은 종교의 자유를 찾아 미국에 온 청교도로 주류 성직자들과의 갈등 끝에 마을에서 축출되고 1643년 시와노이 부족에게 목숨을 잃었다.

트 파크, 펜역을 거친다.

죽은 남자들의 이름이 살아 있는 정체성이 되어 뉴욕 위를 떠돌고 있으며, 서구 사회의 다른 주요 도시들도 대부분 이런 식이다. 거리, 건축물, 공원, 광장, 대학교, 기업, 은행에 남자의 이름이 붙어 있다. 남성들은 도시의 수많은 조형물과 동상이기도 하다. 59번가 그랜드 아미 플라자에는 퓰리처 분수(퓰리처상을 만든 언론인 조지프 퓰리처Joseph Pulitzer의 이름을 땄다) 바로 옆에 화려한 황금 동상이 서 있다. 윌리엄 테컴시 셔먼William Tecumseh Sherman 장군이 말을 타고 있고 그 앞에 승리의 여신으로 보이는 여성이 앞을 가리키고 있다. 물론 이 여성에게 이름은 붙지 않았다. 이 여성은 자신이 아닌 다른 사람의 승리를 상징하고 있다.

뉴욕에서 가장 거대한 동상은 여성이긴 하다. 도시의 모든 사람을 환영하고 있으며 역시 아무도 아니라 할 수 있는 자유의 여신상 말이다. 여신상의 주춧돌 동판에는 뉴욕 출신의 여성 시인 에마 라자루스Emma Lazarus의 시가 붙어 있는데, 여신상을 "망명자의 어머니"라 부르고 있다. 여신상이 없는 것은 아니지만 여신상은 대체로 상징이며 개인이 아니다. 어머니이고 뮤즈이고 장식품이지 대통령은 아니다. 그러나 현대에 여성을 위한 기념 명판이 있으니 바로 초크Chalk다. 초크는 1911년 대부분 이민자였던 146명의 젊은 여공들이 숨진 치명적인 산업재해인 트라이앵글 셔츠웨이스트 공장 화재를 기억하기 위해 시작된 공공 예술 프로젝트다. 2004년부터 매년 3월 25일이 되면 루스 서겔Ruth Sergel은 자원봉사자들을 모집해 도시 전역을 다니며 여공들이 살았던 장소를 찾아가 그들의 이름을 분필로 쓰는 작업을 했다. 그러나 이 기념 명판은 분필만큼이나 잘 지워지고 잘 부러졌으며 거리 이름이나 동상처럼 오래 지속되지 못했다. 그들의 이름은 지워지지만 그 이름이 잠시 적힌 헨리 허드슨 브리지 빌딩이나 프릭 맨션은 남아 있다.

앨리슨 마이어Allison Meier가 최근 발표한 에세이에 따르면 뉴욕에는 총 다섯점의 여성 동상이 있다. 잔 다르크Joan of Arc, 골다 메이어Golda Meir, 거트루드 스타인Gertrude Stein, 엘리너 루스벨트Eleanor Roosevelt, 해리엇 로스 터브먼Harriet Ross Tubman이다. 그나마 뒤의 네 동상은 지난 25년 이내에 추가된 것이다(내가 이 글을 쓰는 시점에 더 건립될 계획이 있는 여성 동상으로 빌리 홀리데이Billie Holiday와 셜리 치점도 있다). 1984년까지 뉴욕에는 여성 동상이 딱 한점, 중세 시대 외국 인물인 잔 다르크 동상 한점만 리버사이드 파크에 있었을 뿐이었다. 잔 다르크 동상이 세워진 해도 1915년이었으니 그 이전에 뉴욕시가 조각상을 제작해 기념한 인물은 오직 남성이었다. 비교적 최근에 지은 거리명에는 여성의 이름이 붙어 있긴 하다.

카브리니 대로는 성인으로 지정된 이탈리아계 미국인 수녀인 프랜시스 사비에르 카브리니Frances Xavier Cabrini의 이름을 가져 왔다. 솔드 플레이스는 유대인들을 위한 야간 학교를 세우고 출판사 편집장으로 수많은 책을 출간한 헨리에타 솔드Henrietta Szold의 이름에서 가져왔다. 마거릿 코빈 드라이브는 독립전 쟁에서 용감하게 싸운 여자 영웅 마거릿 코빈Margaret Corbin을 기억한다. 베툰 스트리트는 보육원을 설립한 교육자이자 사 업가인 요해나 베툰Johanna Bethune의 이름을 땄다. 마거릿 생 어Margaret Sanger 광장은 유명한 산아 제한 운동의 지도자 이 름에서 왔다. 브롱크스 북동부에는 허친슨 리버 파크웨이를 제외한 도로에 여성의 이름이 붙지 않았다. 반면 브루클린 에는 노스트랜드 애비뉴, 북부 맨해튼에는 프레더릭 더글러 스 대로가 있다(풀턴 스트리트는 증기선 발명가인 로버트 풀 턴Robert Fulton의 이름을 땄지만 이 도로에는 해리엇 로스 터브 먼 애비뉴라는 이름도 있는데, 후자는 이름이 길어서인지 일 반적으로 쓰이지 않고 구글 지도에도 나오지 않는다). 다리나 고층 빌딩에 여성의 이름은 보이지 않으나 어떤 이들은 거트 루드 밴더빌트 휘트니Gertrude Vanderbilt Whitney가 휘트니 박물관 의 창립자일지도 모른다고 말한다. 뉴욕시는 대부분의 다른 도시와 마찬가지로 남풍경manscape •이다.

가끔 여자 주인공이 나오는 액션 영화, 예를 들어 「와호장

룡」Crouching Tiger, Hidden Dragon이나 「헝거게임」The Hunger Games
등을 보고 나오면 나는 급속 충전된 기분, 초인이나 천하무적
이 된 기분을 느낀다. 능력과 자신감이라는 마약을 주입받은
것만 같다. 내 평생 그런 영화를 여남은 편이 아닌, 언제라도
마음만 먹으면 극장에 가서 이번 달에 개봉한, 내 젠더가 초
인적인 능력을 발휘하는 영화를 보았다면, 그러니까 여자 본
드와 스파이더 우먼이 나의 오락과 상상에서 넓은 자리를 차
지했었다면, 언제나 그랬었다면, 내가 과연 어떤 기분으로 살
았을지 궁금하다. 당신이 남자라면 이번 주에도 극장에서 상
영 중인 남자 주인공 액션 영화 수십편을 볼 수 있고, 텔레비
전 드라마에는 당신과 여러모로 닮은 카우보이부터 형사까지
(반드시 인종이나 체형이나 성향까진 아니더라도) 적어도 젠
더에 관해서 당신과 동류인 사람들이 등장해 활약하고 챔피
언이 되는 걸 알 수 있다. 내가 만약 청소년기에 도로명이나
건물명이 여성인 도시를 거닐었다면, 기념물 다수가 존경을
한 몸에 받는 강하고 성공한 여성의 이름이었다면 나 자신과
나의 가능성에 대해 어떤 인식을 품었을까? 상상조차 되지
않는다. 물론 기념물이나 동상은 오직 권력을 가질 수 있고
공적인 생활을 할 수 있었던 사람들만 기념한다. 따라서 대다

• manscape, 남자(man)와 풍경(landscape)의 합성어로 남자가 조경하다. 남자가 미
 용하다라는 뜻이다. ─옮긴이

224

수 미국 도시들은 학술적 명명법에 따라 대부분 백인이고 대부분 남성이다. 그래도 상상은 해볼 수 있다.

내가 공동 제작한 「여인들의 도시」라는 지도를 통해 우리가 그러한 힘 속에서 살았다면 어땠을지 상상해보았다. 뉴욕에서 살고 일하고 경쟁하고 학교에 가고 춤을 추고 그림을 그리고 글 쓰고 반항하고 조직하고 철학 하고 가르쳤던 위대하고 훌륭한 여성들에게 경의를 표하고 싶었고 그들의 이름을 붙이고 싶었다. 뉴욕은 도시 초창기부터 활약한 카리스마 있는 여성들이 많은 곳이지만 17세기에 활동한 퀘이커 목사 해나 피크 보운Hannah Feake Bowne 같은 인물은 역사에서 쉽게 지워지곤 했다. 그녀가 회의를 주최하던, 플러싱에 위치한 집마저도 존 보운John Bowne의 집으로 불린다. 여성 대법관 네명중 세명이 뉴욕 출신이며 미국 페미니즘의 숱한 역사적 사건들이 뉴욕에서 일어났다. 빅토리아 우드훌Victoria Woodhull, 셜리 치점, 게릴라 걸스Guerrilla Girls도 뉴욕 출신이다. 모든 지하철역에 여성의 이름을 붙이진 못했는데, 중요한 업적을 세운여성들은 잊히거나 이름조차 없었기 때문이다. 수많은 여성에게 누군가가 되는 일이 허락되지 않았다. 어떤 젠더의 영웅들은 조용한 삶을 살았다. 하지만 어떤 이들은 일어섰다. 어떤이들은 돋보였다. 그리고 그들이 여기에, 수백명에 의해 여기에 있다. 이 지도는 그들의 기념비이고 그들의 축하연이다.

영웅의 등장은 일종의 재난이다

전형성 대 다수의 힘

개인이 해냈다singlehanded라는 단어를 사람으로 표현한다면 아마 영화 「어느 여자의 전쟁」Woman at War의 주인공 할라일지도 모르겠다. 할라는 아이슬란드의 아름다운 자연환경을 파괴할 게 확실한 제련소의 확장 소식에 혼자 송전탑을 파손하는 사보타주를 감행한다. 그녀는 깊은 산속에 숨었다가 헬리콥터를 동원한 경찰에게 쫓기자 궁시를 들고 전사처럼 대항한다. 하지만 아이슬란드 역사상 가장 유명하고 출중했던 환경 사보타주는 진정 개인이 홀로 모든 것을 해낸 것이었을까?

1970년 8월 25일 아이슬란드 북부 락사 강변의 농부들은 홍수 피해를 보지 않기 위해 댐을 폭파해버린다. 댐이 붕괴된 후 100명이 넘는 농부들이 자신들이 세운 공이라고(혹은 책임이라고) 주장했다. 이중 단 한명도 체포되지 않았고 댐은 사라졌으며 긍정적인 결과만 남았다. 지역사회를 보호했을 뿐만 아니라 아이슬란드에 새로운 규제가 도입되고 국민들 사이에 환경에 대한 인식이 널리 퍼졌다. 이 사건은 환경보호를 위한 사보타주가 지대한 영향력을 미친, 내가 아는 유일한 이야기이고 어쩌면 그 이유는 소수가 아닌 다수의 의지를 표방했기 때문일 것이다.

우리는 수백명이 힘을 합쳐 어떤 목표를 완수하는 이야기는 자주 하지 않고 그 일을 하는 데 필요한 자질에 대해서는 말을 아낀다. 계곡을 살리거나 세상을 바꾸는 일에 필요한 건 대체로 뛰어난 담력이나 운동 능력이 아니라 협동 정신, 타인에게 영감을 주고 연대하는 기술, 어떤 일을 어떻게 달성했는지에 대한 이야기를 만드는 능력이다. 1970년 농부들은 훌륭한 폭발 장면을 연출했고 영화는 자동차 추격 장면만큼이나 폭발을 사랑한다. 이 폭발이 이루어지기까지 농부들은 수많은 날 함께 머리를 맞대고 회의를 했을 테지만 영화는 사랑하는 지역사회를 위해 회의를 거듭하고 뜻을 모으는 장면은 여간해서는 보여주지 않는다.

「어느 여자의 전쟁」의 중년 여성 주인공인 할라는 공교롭게도 합창단 지휘자이기도 하며 여러 사람이 한목소리로 노래하며 하모니를 만들어내는 일이 얼마나 중요한지 아는 사람이다. 아마 대부분의 환경투쟁에서 승리하기 위해서는 할라의 활쏘기 능력보다 하모니를 만드는 능력이 필요할 것이다. 할라의 레이캬비크 아파트 벽에는 협상과 회의와 인내의 달인들인 모한다스 간디[Mohandas Gandhi]와 넬슨 만델라[Nelson Mandela]의 사진이 붙어 있지만 이 영화는 그 협동의 중요성을 알지 못하는 것 같고, 어쩌면 강이나 섬이나 지구를 구하기 위해 실제로 어떤 일을 해야 하는지에 진정한 관심이 없을지도 모른다.

긍정적인 사회적 변화를 이루기 위해서는 주변 사람들을 뛰어넘기보다 그 사람들과 손을 잡아야 한다. 변화는 한 사람의 행동이 아닌 공동 작업에서 비롯된다. 이때 필요한 자질은 전통적으로 남성적이라기보다는 여성적이라 여겨졌던 특징, 스포츠맨보다는 모범생이 갖춘 자질이다. 즉 경청하기, 존중하기, 인내하기, 협상하기, 전략과 계획 짜기, 이야기 만들기 등이다. 하지만 우리는 고독하면서 특출난 영웅을 좋아하고, 주먹 싸움과 멋진 근육을 사랑한다. 어쨌든 우리에겐 그런 소재의 영화와 드라마가 워낙 많아서 보지 않을 도리가 없다. 다만 그 드라마를 통해서는 현실에서 변화가 어떻게 일어나는지, 우리 각자가 어떤 역할을 해야 하는지, 평범한 사람이 왜 중요한지 파악하기 어렵다. "행복하지 않은 땅에는 영웅이 필요한 법이니." 베르톨트 브레히트[Bertolt Brecht]의 시구절을 곱씹어보기도 했지만 나는 근래 들어 점점 이렇게 생각하게 된다. 영웅이 필요하다고 생각하는 땅이 안쓰럽다고, 혹은 영웅은 이미 많이 있으나 그 영웅이 어떻게 생겼는지 모르는 땅은 불쌍할 뿐이라고.

　「어느 여자의 전쟁」은 방향을 바꾸어 다른 줄거리를 보여주는데 결국에는 중심에 있는 여성뿐만 아니라 비개인적인 일을 하는 여성들에게는 갈등이 불거져야 하기 때문일 것이다. 대부분의 영화처럼 대체로 한명의 주인공을 따라가고, 주인공이 순수하게 사적인 이유 때문에 행동하는 것처럼 말한다. 그러면서 주인공이 대체 왜 그 파괴적인 일을 홀로 감당하고 있는지에 대한 질문은 스르르 사라져버린다. 「헝거게임」의 작가는 구질서를 폭력적으로 파괴해버리는 세계를 상상했지만 ― 궁사인 주인공 캣니스 에버딘은 무력을 잘 사용하는 인물이다 ― 다른 세계를 창조하지 못했고, 부패하지 않은 다수의 국민은 가치가 없다는 듯 이들을 데리고 새로운 정부를 세우지도 않는다. 따라서 「헝거게임」의 결말은 허무하다. 주인공은 낡고 처량한 개인주의자적 **초원의 집**에서 남자와 아이를 낳고 핵전쟁의 재해 속 핵가족으로 살아간다. 혹은 좋게 말한다면 볼테르Voltaire의 "우리는 우리의 정원을 가꾸어야 한다" 방식으로 살아간다. 과연 볼테르가 『캉디드』*Candide*의 결말에서 말하고자 하는 주제가 그런 삶인지는 의문이지만 말이다. 「어느 여자의 전쟁」의 궁사 또한 결국 가정으로 돌아가서 지구보다는 한 사람을 돌보며 살아가기로 한다.

나는 개인이 잘 살아가는 일도 물론 중요하다고 생각하지만 비개인적인 일에도 관심이 있다. 타인과 집단적 목표에 관련된 일, 나의 사적 이익이 덜 개입되는 일 역시 우리의 심장과 영혼을 살찌우며 그 또한 사랑에서 우러나오고 우리에게 내재한 욕구라고 확신한다. 깊어지려면 넓어져야 하기 때문이다. 나와 내 가족만 챙기지 않고 가족이 속한 지역사회를 위한 희망과 목표를 갖고 참여하고자 하는 정신은 중요하다. 연대는 개인적인 만족감을 주기도 하며, 목표 성취를 위해 반드시 필요한 도구이기도 하다. 외로운 영웅 서사는 대중의 눈에 한 인물만을 밀어 넣고 나머지 사람은 지극히 사적이고 은밀한 삶으로, 적어도 수동적인 삶으로 밀어 넣는다.

법률 전문가이자 작가인 달리아 리스윅Dahlia Lithwick은 내게 말하길, 지난 2년간 수없이 터져나왔던 인권 관련 법정 싸움에서 트럼프 행정부에 대항해 이긴 여성 변호사들에 관한 책을 준비 중이었다고 한다. 그런데 주변에서 하나같이 그 이야기 대신 루스 베이더 긴즈버그에 관한 책을 쓰라고 조언했다는 것이다. 긴즈버그에 관한 책과 영화는 이미 충분히 나와 있는데도(티셔츠와 머그잔 같은 굿즈도 있다) 초점을 한명의 유명 슈퍼스타에게 맞추라는 요구였다. 반면 달리아가 다음 책에서 하고 싶었던 건 이제까지 인정받지 못한 다른 여성 변호사들의 별자리를 그리면서 지형을 넓히는 일이었다.

중요한 일을 혼자 해내는 영웅에 대한 지나친 강조는 소설과 영화에만 등장하는 것이 아니라 논픽션과 뉴스에도 나오고 역사책에도 수없이 서술된다. (여기에 '역사의 위인 이론'이라는 이름이 붙었다. 또한 '역사 속 악인 이론'도 있는데 예를 들어 오직 트럼프의 악행만 강조하는 건 근대사에서 보수당이 남긴 피해와 기만에 변명을 마련해주거나 현재의 공모자들을 보지 못하게 하는 역효과를 낳기도 한다.) 긴즈버그라는 한 개인을 상찬하는 방식은 한명의 초월적으로 우월하고 예외적인 개인, 권력의 정상에 있는 개인이 중요한 사람이라는 뜻을 전달한다. 다른 변호사들의 업적을 서술하는 것은 힘이란 분배될 수 있으며 전국의 수많은 법원에서 내린 판결과 그 판결을 얻어낸 변호사의 노력, 그리고 그 변호사를 지지한 사람들이 중요하다는 뜻을 전한다.

마치 낙수효과처럼 상층부에서 일어난 일이 우리 운명을 결정한다는 개념과 관련된 이야기들은 많다. 평등한 결혼과 임신중지에 대한 대법원의 판결은 더 큰 사회의 가치 변화를 반영하고 법원에 앉을 사람을 결정하는 선거도 반영한다. 그러한 폭넓은 변화는 대개 밖으로 드러나지 않은 많은 사람들의 행동에서 비롯되었다. 아무리 사생활을 소중히 여기는 사람이라 해도 정치투쟁이 중요한 이유는, 정치란 내가 원하는 사람과 결혼할 권리와 최저 생계비와 건강보험과 교육과 주거와 깨끗한 물과 직접적인 관련이 있기 때문이다. 투표권과 투표권의 부족이 이 결정을 형성할 수 있다. 당신이 2018년 말 파라다이스의 대형 산불로 인해 사망한 82명 중 한명이었다면, 혹은 2019년 전대미문의 홍수로 농장이 물에 잠긴 네브래스카주의 농부였다면, 공공 정책의 결과가 개인 한명에게 돌아올 수 있다는 사실도 알 것이다.

우리는 영웅과 스타를 사랑하고 그들의 적도 좋아한다. 여기서 **우리**가 누구를 말하는지 자신할 수는 없지만 어쩌면 너무나 많은 이야기를 책임지고 있는 사람들일 것이다. 보통은 엘리트를 열렬히 신봉하는 엘리트들이고 영웅이나 스타 들도 이에 속하는 경우가 많다. 영웅에 대해 생각할 때마다 리즈 페어Liz Phair의 의미심장한 노래 가사가 떠오른다.

> 그 남자는 많고 많은 영웅 중 한명이라네
> 매력적인 사람을 하나 찾아 구해주겠다고 하네
> 그 남자는 픽업트럭의 짐칸에 실려 왔다지
> 사람들이 기억해주기 전까진 안 떠나기로 작정했지

이 가사는 영웅을 관심받고 싶어하는 사람, 깽판 치는 사람, 명예욕 강한 자, 적어도 문제 해결사로 변장한 말썽꾸러기로 보며 한껏 비꼬고 있다. 어쩌면 우리도, 사회 전반적으로도 이런 식의 영웅에 점점 지쳐가는 것 같다. 아니 우리 중 많은 이가 지나친 자신감을 보이는 백인 남성에게는 확실히 지친 것 같다. 해결책이 단 하나뿐이고 극적으로 이루어져야 하고 한 사람의 손에 달렸다는 개념은 보통 수많은 문제의 해답은 복잡하고 다면적이고 협상을 통해 찾게 된다는 사실을 지운다. 기후변화를 해결하기 위해서 우리는 나무도 심어야 하고 화석연료를 (다급히) 다른 원료로 대체해야 하고 에너지 효율을 높이고 설계를 바꾸고 땅과 농업과 교통수단과 시스템 작동 방식에 관련한 수백가지 일을 동시다발적으로 해야만 한다. 단 하나의 딱 떨어지는 해결책이란 없고 수많은 조각이 쌓이고 모여서 해결책이 된다. 아니 해결책이라기보다는 문제 조정이라고도 할 수 있다.

리즈 페어만 영웅을 비꼰 건 아니다. 어슐러 K. 르귄은 다음과 같이 썼다.

버지니아 울프가 『3기니』*Three Guineas*가 될 책을 쓸 계획을 하고 있을 때 공책 한권에 '용어 사전'이라는 제목을 붙였다. 울프는 이제까지와 다른 이야기를 쓰겠다는 결심에 따라 영어까지도 재창조할 생각이었다. 이 용어 사전 초반에 등장하는 단어는 영웅주의로, 울프는 이것을 '보툴리누스 중독'•으로 정의했다. 울프의 사전에 따르면 영웅은 '유리병'bottle이다. 이 유리병으로서의 영웅은 철저한 재평가가 필요하다. 나는 유리병을 영웅으로 부르자고 제안하고 싶다.

이 문단이 나온 르귄의 유명한 1986년 에세이 「소설판 장바구니론」*The Carrier Bag Theory of Fiction*은 초기 인류가 식량 대부분을 채집으로 구했고 채집은 보통 여성의 일이었다고 지적한다. 그러다가 사냥이 등장하며 극적인 이야기 소재가 된다. 초기 인류와 인류의 조상이 사용한 도구로 끝이 날카롭고 뾰족한 무기들이 잘 알려져 있지만 무언가를 담긴 용기 ─ 유리병 농담이 여기서 통한다 ─ 가 더 오래되고 더 중요한 도구였을 거라고 르귄은 말한다. 물론 다분히 젠더·성기 비유가 들어가 있다고도 할 수 있다. 사냥은 혼자만의 드라마로 가득하다. **내가 이 창으로 곰을 찔렀도다.** 여자들이 무리 지어 낟알을 주울 때는 한 사람의 두드러진 행동이나 목표물이나 위험천만한 드라마가 필요치 않다. 르귄은 에세이의 말미에서 말한다. "나는 귀리 껍질 까기로 자극적이고 흥미진진한 이야기를 만들어내기 힘들 수도 있다고 말했다. 그러나 불가능하다고 말하진 않았다." 내가 최근에 읽은 글에 따르면 보르네오 이반

• botulism, 식중독의 한 종류. ─ 옮긴이

족 남자들은 사람을 사냥해 지위를 높였고 여자들은 직조를 잘하면 인정받았다고 한다. 사람 사냥이 더 극적일 순 있겠지만 직조란 부분과 재료를 통합해 전체를 만드는 기술이며 그 자체로 스토리텔링의 모델이 될 수 있다. 여자들은 이 기술로 그릇과 용기를 만들었고 여기서는 복잡성이 중요하다.

여자들 이야기가 나왔으니 최근 출시된 산후우울증 신약에 관한 일부 전문가들의 지적을 들어보자.

> 엄마와 여성 운동가 들은 이 신약이 미국의 엄마들이 받는 더 큰 고통을 외면케 하는 일회용 밴드는 아닐지 고민해보아야 한다. 보육비 지원, 유급 육아휴가, 출산 시와 산후에 산모의 선택을 존중하는 의료보험 같은 정책의 도입이 산후우울증 발병률을 줄일 수 있지 않을까? 갓 엄마가 된 사람이 겪어야 하는 복잡한 적응 과정을 정신 질환으로 고정시켜버리면 부모들이 느끼는 사회적 지원이 부족한 이유를 찾을 수 없다.

어쩌면 배려와 연대가 부족해 생겨난 아픔을 잠재우기 위해서는 데우스 엑스 마키나* 약물을 주입할 게 아니라 배려와

---

* deus ex machina. 고대 그리스 극에서 초자연적인 힘으로 긴박한 국면을 극복하는 장치. ― 옮긴이

연대를 과다 공급해야 할지도 모른다. (물론 정신 건강에 도움이 되는 약물이 있지만 그 약물은 보통 정신적 스트레스를 유발한 조건을 해결하는 대안으로 허용되며, 그 조건에는 사회적 구조와 개인적인 상황이 포함된다.)

이 또한 우리 사회의 개인주의와 영웅 문화, 모든 문제는 개인적이고 개인이 해결할 수 있다는 개념에 근거한다. 이 프레임에 갇히면 다층적이고 포괄적인 변화의 가능성이 닫히며, 현재 상태를 만들어내고 이익을 얻는 권력자들은 복잡한 형태의 피해에 대한 책임을 회피할 수 있다. 모든 건 개인의 책임이고 개인이 변하면 해결된다는 주장은 불평등이 되었건 가난이 되었건 부패가 되었건 사회적 정체의 핑계가 될 뿐이다.

우리가 당면한 거대한 문제들은 위대한 영웅 한명이 해결할 수 없다. 그 문제들을 해결하려면 다양한 사회 운동과 각종 단체와 시민사회가 나서야 한다. 기후변화 운동 또한 그 무엇보다 집단적인 노력이었다. 빌 맥키번 같은 인물이 돋보였을 수는 있으나 그의 이름이 호명된 이유는 그가 188개국이 연합한 세계기후행동집단의 공동 창립자였고 계속해서 이렇게 말했기 때문이다. "우리가 기후에 대해서 할 수 있는 가장 효율적인 일은 개인이 개인이 되기를 멈추는 것입니다." 그는 자신에게 영감을 준 책으로 1964년에 출간된 어린이 책

『골목 전쟁』*The Pushcart War*을 꼽았다. 손수레 상인들이 트럭 운전사들을 상대로 조직적으로 활약하며 뉴욕 거리를 지킨다는 내용이다. 결말을 스포일러 하자면, 손수레 상인들이 이긴다.

스웨덴의 그레타 툰베리Greta Thunberg를 생각할 때도 영웅주의에 대해 생각한다. 진정 훌륭한 어린 여성이고 전세계에 기후변화를 위한 행동을 촉구한 인물이다. 하지만 툰베리 한 사람에게 집중하는 것은 그녀가 일어나 기후변화에 대해 열정적으로 말하기 전에 존재했던 훌륭한 젊은이들을 흐릿하게 만들 수도 있다. 그의 말이 중요한 건 우리가 응답했기 때문이고 우리가 응답했던 부분적인 이유는 언론이 툰베리를 이전의 활동가들보다 더 조명했기 때문이기도 하다. 물론 그사이에 기후변화 운동이 한층 진지하게 받아들여졌고 기후변화를 위한 행동이 탄력을 받고 있었다. 아마도 이 변화를 뒷받침했지만 공이 돌아가지 않은 사람들이 수천수만명에 달할 것이다. 툰베리는 혼자 시작했지만 남몰래 하지 않고 모두가 보는 앞에서 했기에 그녀의 말과 행동이 수많은 사람들에게 퍼져 나갈 수 있었다. 나는 한 사람과 그 사람의 지지자들을 따로 보지 않고 하나로 묶는 단어가 있을지 궁금하다.

툰베리는 노벨평화상 후보에 올랐고 이 상은 때로는 그룹이나 팀에 수여되기도 한다. 그러나 상이란 원래 한 개인에 주목하는 경향이 있다. 어떤 사람들은 수상 소감으로 영웅 신화를 뒤집고 여정에 함께한 모든 사람에게 감사하며 자신을 그저 한 종족, 한 연합이나 운동을 하는 사람으로 설명하기도 한다. 멕시코계 시인 에이다 리몬Ada Limón은 2019년 3월 전미도서비평가협회 시인상을 받으면서 다음과 같은 수상 소감을 발표했다. "우리는 옆에서 응원해주는 착한 유령들과 함께 시를 씁니다. 나는 어떤 것도 혼자 해내지 않았고 어떤 시 한 편도 혼자 쓰지 않았습니다." 그리고 고마운 은인, 사랑하는 사람들, 시를 쓰고 싶었으나 쓰지 못한 수많은 이들의 이름을 불렀다.

장군은 군사들이 없다면 할 수 있는 일이 없고 사회 변화는 장군과 군사를 모델로 하지도 않는다. 뛰어난 인물은 다른 사람들에게 명령하는 사람이 아니라 사람들이 자발적으로 행동하게 하는 사람이다. 우리는 그들을 지도자라기보다는 촉매제라고 부르기도 한다. 마틴 루서 킹 주니어는 인권 운동 자체가 아니고, 세사르 차베스Cesar Chavez가 농장 노동자 권익 운동을 대표하지는 않으며, 그들을 운동이라 부르면 인정받아야 할 다른 수많은 사람을 놓치게 될 수도 있다. 더 나아가 우리에게 전략적인 이해가 가장 필요할 때 그런 이해를 구하지 못할 수도 있다. 전략적 이해는 우리 자신의 힘에서 시작되고 우리의 변화와 함께 끝난다.

우리는 로버트 뮬러Robert Mueller의 보고서[•]를 목 빠지게 기다렸지만 보고서가 나온 후 우리가 자각한 사실은 뮬러가 우리의 성 게오르기우스가 되어 나쁜 용을 처단해주길 바라다 그사이에 우리가 할 일과 할 수 있는 일을 놓쳤다는 점이다. 달리아 리스윅은 특검 수사가 종료되기 한달 전에 이렇게 말했다. "최근 지배적인 분위기는 저 바깥세상에 무엇인가를 해낼 만한 사람이 있는 한 나머지 우리는 뒷짐 지고 있어도 된다고 생각하는 것이다. 그리고 그 무언가를 해낼 사람은 로버트 뮬러인 듯하다." 지도자는 추종자를 낳고, 추종자는 스스로 생각하고 행동하는 능력을 넘겨준다. 시민들이 쌈짓돈을 영웅에게 넘겨버리는 나라는 운이 다할 수밖에 없다. 여성 대통령이 나와야 한다는 주장의 근거 중 하나가 어쩌면 누구도 여자를 혼자 모든 일을 해낼 구원자로 보지 않기 때문이라는 의견도 있다.

액션 영화의 인물과 줄거리는 천편일률적이다. 한명의 독보적인 개인이 전면에 나서야 하기에 나머지는 쓸모없거나 대책 없거나 사악한 인물이어야 하고 주인공에게 적절하게 도움을 주는 보조 캐릭터가 몇명 추가될 뿐이다. 훌륭한 집단

[•] 러시아의 2016년 미국 대통령 선거 개입에 관한 특검 수사 보고서. 민주당 측은 트럼프 탄핵의 증거가 되리라 믿고 기다렸지만 특검은 러시아 개입이나 사법 방해의 결정적 증거는 밝히지 못했다. ─옮긴이

행동을 그린 영화는 별로 없다는 사실을 깨달은 건 내가 급변하는 기상이변으로 인한 각종 재해에 실제로 어떤 일이 일어나는지에 관한 글을 쓸 때였다. 화재나 홍수, 혹서, 태풍 등은 기후변화의 시대에 우리가 점점 자주 보게 될 종류의 재난이다. 전통적인 재난 영화는 세상의 질서가 갑작스럽게 붕괴되며 시작된다. 초고층 빌딩은 활활 타는 지옥이 되고 운석은 지구로 떨어지고 지구는 흔들린다. 얼마 후 '아빠' 같은 해결사 유형의 남성이 난세의 영웅이 되어 위기에 빠진 여성을 구하고 악당들을 처리한다. 가부장제 권위 자체가 재난의 해결책이며 안전함을 약속하는 만병통치약으로 제시되는 것이다.

리즈 페어의 노래 가사가 참신한 이유는 영웅주의 자체가 재난일 수 있다는 점을 알려주기 때문이다. 2009년에 출간한 나의 책 『이 폐허를 응시하라』*A Paradise Built in Hell*를 위해 자료조사를 하면서 제도권은 재난 앞에서 오히려 형편없이 대응한다는 것을 알게 되었는데, 부분적으로는 권력 공백 속에서 일반 시민들이 허둥지둥하리라 가정하기 때문이다. 그래서 인도주의적인 원조를 하는 대신 한층 더 심한 규제를 시행하고, 피해자를 보호하기보다는 기물 보존과 현 상태 유지에만 급급한 모습을 보인다. 하지만 일반적으로 이런 재난 앞에서 평범한 사람들은 민첩하게 행동하며 서로를 돌보고 구출하고 생존 조건을 만들어낸다. 일상생활에서는 하지 못할 방식으로 협력하면서 가끔은 너무나 귀중하고 의미 있는 연대를 찾아내 그들이 누구인지, 어떻게 만났는지, 무엇을 했는지, 어떻게 빛났는지에 관한 이야기를 만들어내기도 한다.

나는 재난이 때로는 사람들이 원하지만 쉽게 얻지 못하는 것, 이름 붙이지 않고 인식하지도 않았던 욕구를 알아내는 창구가 된다는 사실을 발견하기도 했다. 내가 **공적인 사랑**을 생각할 때 샘솟는 이 심오한 감정, 즉 의미, 목표, 힘, 지역사회, 사회, 도시에서의 소속감을 그리기는커녕 상상이라도 한 영화는 많지 않다. 나는 9·11 테러와 허리케인 카트리나 생존자들과 대화하고 과거의 재난과 기습 공세에 대한 자료를 읽으며 그 폐허를 통해 공적인 사랑이 솟아남을 느꼈고 사람들이 그 감정에 허기져 있음을 알게 되었다.

1906년 샌프란시스코에 지진이 일어났을 때 윌리엄 제임스William James는 이렇게 썼다. "확실히 우리가 모든 일상적인 불운을 가장 심하게 느낄 때는 외로울 때다." 나만 집을 잃으면 집이 있는 다른 사람들로부터 밀려난다. 하지만 지진이 일어나 모두가 집을 잃으면 우리는 하나가 된다. 1906년 생존자들의 기록 중 내가 가장 좋아하는 문장이 있다. "그날 밤 건물이 무너지고 폭발음이 들리자 사람들이 잠을 못 자고 밖에 나와 서성거렸다. 소녀와 피난민 들이 피아노를 치기 시작했고 빌리 딜레이니Billy Delaney와 사람들이 노래를 불렀다. 고등학교 밖의 길가였고 주변이 불타고 있는데도 그곳은 아늑하고 사교적인 장소가 되었다.”

나는 빌리 딜레이니와 소녀들이 어떤 노래를 불렀는지 모르고, 르귄이 말한 채집인들이 어떤 이야기를 했었는지 모른다. 하지만 나에게는 일종의 장바구니라 할 수 있는 상징이 있다. **상징**이라는 단어의 원뜻은 무언가를 나른다는 뜻이다. 나른다는 건 언어가 하는 기본적인 일이며 언어는 의미를 담을 수 있는 가장 멋진 그물이다. 위라주리-카밀라로이 부족 출신의 호주 예술가인 조너선 존스Jonathan Jones가 브리즈번에서 열린 아시아 태평양 트리엔날레에서 선보인 작품이 있다. 휘어진 벽에 수백개의 깃털 달린 오브제가 8자를 가로로 놓은 무한 루프 모양으로 빽빽하게 붙어 있다. 이는 하늘에 장관을 이루는 찌르레기 떼와 비슷한데, 이 새들은 수십만마리가 함께 비행하면서 부풀었다가 작아졌다가 하며 형태를 바꾼다. 이 새들은 각자 끊임없이 오르고 넘고 돌지만 절대 서로 충돌하지도 그렇다고 떨어지지도 않는다.

멀리서 보면 존스의 오브제는 틀림없는 새처럼 보이지만 가까이서 보면 막대기와 돌 같은 원주민들의 도구에 깃털을 붙인 것이다. 무언가를 만드는 도구이자 하늘을 나는 도구다. 깃털은 수백명의 사람들에게 받은 것으로, 수집가들이 모은 찌르레기 떼 깃털이다. 이 예술가는 기자에게 설명했다. “나는 집단적 사고라는 개념에 관심이 많습니다. 하늘에서 만들어지는 아름다운 패턴과 배열의 조합을 보면 우리가 이 나라에서 어떻게 존재해야 하는지 이해할 수 있어요. 우리가 다같이 어떻게 살아갈지, 우리가 우리 모두를 어떤 호주인으로 어떻게 불러야 할지 알게 됩니다. 우리는 저마다 자기만의 개념과 생각이 있고 이것들이 모이면 무언가 위대한 것을 만들 수 있습니다."

무엇이 인간의 찌르레기 떼일까? 합창을 떠올리면 애니메이션 「호튼」이 생각난다. 애니메이션 속에서 '누군가마을'whosville의 '누구'who들은 마지막 새가 목소리를 높이면 합창 소리가 커지면서 마을을 구할 수 있다는 걸 알았다. 2019년 3월 15일 전세계 150만명의 청소년들이 기후변화 대응을 촉구하는 등교 거부 시위를 벌였다. 캐나다 원주민 퍼스트 네이션 공동체가 로키산맥을 가로지르는 송유관 설치를 막았다. 2017년 1월 29일 미국 전역의 공항에서 변호사와 시민 들이 모여 무슬림 입국 반대 조치에 저항했다.

뉴질랜드 크라이스트처치의 모스크에서 총기 테러가 발생한 지 일주일 후 캐나다 브리티시컬럼비아주의 빅토리아에서는 수많은 사람들이 모여 금요일 모스크에서 기도 중인 무슬림 신도들을 보호했다. 그 모임에 참여했던 내 조카 제시카는 편지로 그날의 감격을 전했다. "기도가 끝나고 사람들이 모스크 밖으로 쏟아져 나왔어요. 사랑과 축복이 가득한 결혼식 같았죠. 우리는 모두 악수하고 안고 다정하게 말을 건넸답니다. 무슬림, 유대인, 기독교인, 시크교도, 불교도, 무교, 모두가요." 우리 문화엔 인간 찌르레기 떼를 보게 하고 칭찬하게 해주는 작품이 충분하지 않다. 그들이 우리 주변에 언제나 있어왔고 지금 이 순간도 지구를 위해 가장 중요한 일을 하고 있는데도 그렇다.

길게 펼쳐지며 오래 이어지는 현재 앞에서

현재란 무엇일까? 일반적으로 정의하자면 현재란 '아직'과 '이미' 사이에 놓인 찰나의 시간, 팽팽한 줄타기용 밧줄처럼 가늘고 아슬아슬하며 배신당하기 쉬운 순간일 것이다. 하지만 이렇게 정의할 수도 있다. 현재란 현재 살아 있는 사람들이 기억하고 있는 모든 것이다. '지금' 버전은 어떤 사건을 직접 체험한 사람의 살아 있는 기억이 전해 들은 기억이 되거나 역사에 자리를 내어주면서 끝난다. 예컨대 전쟁의 마지막 참전 용사가 사망했을 때나 어떤 언어의 모국어 사용자가 한명도 남지 않게 되었을 때 그 전쟁이나 언어는 역사 속으로 사라진다. 아직 목격자가 우리 곁에 있는 한 '지금'은 실제보다 더 큰 무언가로 보이기도 한다.

이 생각을 하면서 나는 2014년, 그녀의 아흔여덟번째 생일에 만난 메리 엘리자베스 필립스^{Mary Elizabeth Philips} 여사를

길게 펼쳐지며 오래 이어지는 현재 앞에서

현재란 무엇일까? 일반적으로 정의하자면 현재란 '아직'과 '이미' 사이에 놓인 찰나의 시간, 팽팽한 줄타기용 밧줄처럼 가늘고 아슬아슬하며 배신당하기 쉬운 순간일 것이다. 하지만 이렇게 정의할 수도 있다. 현재란 현재 살아 있는 사람들이 기억하고 있는 모든 것이다. '지금' 버전은 어떤 사건을 직접 체험한 사람의 살아 있는 기억이 전해 들은 기억이 되거나 역사에 자리를 내어주면서 끝난다. 예컨대 전쟁의 마지막 참전 용사가 사망했을 때나 어떤 언어의 모국어 사용자가 한명도 남지 않게 되었을 때 그 전쟁이나 언어는 역사 속으로 사라진다. 아직 목격자가 우리 곁에 있는 한 '지금'은 실제보다 더 큰 무언가로 보이기도 한다.

이 생각을 하면서 나는 2014년, 그녀의 아흔여덟번째 생일에 만난 메리 엘리자베스 필립스Mary Elizabeth Philips 여사를

떠올렸다. 사교적이고 명랑한 이 노부인은 남부에서 태어나 1937년에 샌프란시스코로 이주했다. 첫 남편을 제2차 세계대전 태평양전투에서 잃고 두번을 더 결혼해 행복한 결혼 생활을 했고 두 남편을 먼저 떠나보냈다. 그녀는 평생 직업을 가졌다. 젊을 때는 회계사였고 골동품 가게를 운영하기도 했다가 중년 이후로는 부동산 중개업자로도 일했다. 그리고 당시 오래 거주했던 건물에서 퇴거 명령 조치를 받았다. 이 건물을 매입한 투자회사가 여사가 사는 아파트의 세입자를 한명씩 내쫓는 중이었던 것이다.

필립스 여사의 생일에 친구들과 주거권 보호 운동을 하는 시민들이 그녀의 소박한 아파트에서 모였다. 아파트는 아시아 앤티크 가구와 장식품, 수많은 사진으로 꾸며져 있었고 곳곳에 살림살이와 물건의 위치나 가전제품 사용법 등을 적어놓은 쪽지들이 있었다. 이 쪽지를 적어준 이웃인 공립학교 교사 또한 강제 퇴거 명령을 받았다. 그에게서 필립스 여사가 딸기를 좋아한다는 정보를 듣고 나는 딸기 머랭 케이크와 연세보다는 부족하게 초를 챙겨갔다. 여전히 표정이 풍부한 얼굴에 흰 구름 같은 머리카락이 살포시 얹어져 있는 필립스 여사는 물건과 사람들로 복잡한 아파트 중앙의 대나무 의자에 앉아 전쟁 이전 이 도시에서의 기억을 더듬었다. 나 또한 거의 일평생을 살았고 보아왔지만 한번도 방문하지 못한 도시였다(아니 어쩌면 내가 산 곳은 샌프란시스코라는 이름만 같을 뿐 각각의 세대에 따라 달랐던 여러 도시였을 수도 있다).

모든 시대마다 특유의 기풍이 있기 마련이다. 필립스 여사의 말을 들으며 유독 즐거웠던 이유는 그 안에 담긴 특별한 쾌활함과 속도감 때문이었다. 여사가 자신의 과거를 회상할 때 만들어내는 분위기는 부분적으로는 여사의 기질이기도 했지만—대담하고 유머 넘치는 사람을 만났을 때 받는 인상이었다—일부는 그 세대 많은 분들의 성향이기도 했다. 필립스 여사는 의사를 만나면 어린 시절 천연두를 앓았다가 멀쩡히 살아났기에 천연두 백신 같은 건 필요 없다는 말을 했다면서 활짝 웃어 보였다. 또 별일 아니라는 말투로 경제 공황기에 텍사스 고속도로를 지나다 2인조 강도 보니Bonnie와 클라이드Clyde를 직접 보았고 나중에 신문에 실린 사진을 보고 그들의 정체를 알았다고도 했다. 전시에 창문마다 쳐야 했던 검은색 암막 커튼의 속지가 알고 보면 초록색이었다고 즐겁게 회상했다. 세번째 남편과의 만남에 얽힌 사연도 재미났는데, 파티에서 한 남자가 의자에 등을 기대다가 의자가 넘어져버린 것이었다. 드러누워 있는 그에게 다가가 물었다고 한다. "혹시 브리지게임 하시나?" 그는 한다고 답했다.

필립스 여사의 추억과 일화는 마치 정리 안 된 앨범을 넘겨보듯이 두서없고 어디로 튈지 몰랐다. 두번째 방문했을 때 여사는 친구들과 서점에 한번 가면 몇시간 동안 머물렀던 추억을 꺼냈다가 갑자기 수십년 전에 친구에게 빌려주고 받지 못한 책이 한권 있다고 했다. 그리고 내가 물을 틈도 주지 않고 그 책이 어떤 책이었는지 술술 풀어놓기 시작했다. 19세기 흑인 사업가이자 노예제 폐지론자였던 메리 엘런 플레전트Mary Ellen Pleasant의 전기였다.

플레전트는 굉장히 비범한 인물이었다. 이 여성은 노예 해방론자인 존 브라운John Brown이 하퍼스페리에 위치한 무기고를 습격할 때 물적 지원을 했다고 알려져 있으며, 남북전쟁 이후에는 샌프란시스코 전차의 흑백 탑승 차별을 없애기 위해 법원에서 싸우기도 했다. 인종과 젠더의 장벽이 지금보다 훨씬 더 높았던 시절에 흑인 여성 사업가로서도 성공했고, 중년 이후에는 백인 엘리트 사회에서 실세이자 측근으로 활동하면서 여러 인물과 스캔들에 휩싸이기도 했다.

예상할 수 있는바, 플레전트를 향한 온갖 편견과 오해가 따랐다. 흑인을 백인들의 충실한 하인으로 보는 이들은 그녀를 매미(흑인 유모)라고 비하했다. 백인들과 위험한 사랑의 불장난에 빠질 때나 돈거래에 관여할 때는 음흉한 부두교 주술사로 묘사되었다. 필립스 여사는 분명 플레전트를 해방론자로 기억하고 있었지만 그녀가 읽었던 1953년도의 전기 제목은 『매미 플레전트』Mammy Pleasant로, 이 두가지 편견을 피상적이고 전형적으로 기술하고 있다. 비교적 최근에 린 M. 허드 슨Lynn M. Hudson이 쓴 새로운 전기가 출간되었는데 이 책에 따르면 플레전트는 "클럽 여성도, 영웅적인 노예도, 희생적인 어머니도, 헌신적인 아내도, 교회 집사도 아니었다." 그녀는 "당시 사회가 받아들일 수 있는 모범적인 흑인 여자"의 기준 에서 벗어나 있었다. 흑인 여성이 복합적인 기질을 소유하고 선과 악이라는 평범한 범주로 분류되지 않는다면, 그 여성은 얼마 안 가 잊힐 운명이었다는 뜻이다.

1916년에 태어난 여성이 1814년에 태어난 여성을 찬미하는 이야기를 2015년에 들으면서 나는 현재가 실은 얼마나 길게 펼쳐질 수 있는 것인지를 명징하게 느꼈다. 노부인의 거실에 앉아 있으니 우리 둘이 살고 있는 이 도시는 서로 중첩되는 행동들이 가득하고, 마치 이어달리기하듯 뒤돌아보는 사람과 무언가를 앞으로 전달하는 사람 들이 있으며, 수많은 이야기 가 제 나름의 일관성을 띠고 펼쳐지는 장소처럼 느껴졌다.

처음에는 노부인이 50여년 전에 읽은 책에 플레전트가 등 장해서 깜짝 놀랐지만 곧 필립스 여사에게는 조각들을 서로 이어붙이는 탁월한 재능이 있음을 알아차리기도 했다. 확실 히 현재의 무언가는 오래 살아남을 수 있고 과거가 되었을 때 도 사랑받을 수 있다.

과거를 풍요가 넘치는 황금시대로 기억하는 버전들도 굉장히 많으나 그것은 소수자를 억압하고 구시대의 위계질서를 강조해야 얻을 수 있는 버전이다. 그중에서도 트럼프 캠페인이 내건 "미국을 다시 위대하게"는 최근에 등장한 가장 뻔뻔하고 천연덕스러운 예가 아닐 수 없다. 이러한 추한 감성 때문에 과거에 손을 뻗는 일을 주저하거나 반대할 수도 있다. 하지만 최근의 역사를 상실했기 때문에 과거의 픽션과 단순화된 해석을 받아들이게 된다는 주장도 있다. 더 적은 역사가아니라 더 많은 역사를 알아야 한다는 주장이다.

1990년대 해양생물학 박사 대니얼 파울리Daniel Pauly는 '기준선 이동'이라는 유명해진 용어로 과거에 대한 명확한 감각 없이는 현재를 정확하게 평가할 수 없다고 설명했다. 기준선이란 시스템이 무너지거나 극적인 변동을 겪기 전에 시스템 안에서의 변화를 감지하는 안정적인 기준을 말한다. 예를 들어 기후변화 이전에는 보통 얼음이 녹으며 봄이 오는 날짜가 일정했고 동식물의 멸종 위기를 예측할 수 있는 개체 숫자가 있었다. 과학자이자 영화감독인 랜디 올슨Randy Olson은 이런 식으로 표현했다.

우리가 생태계의 기준선만 안다면 회복을 위한 작업을 개시할 수 있다. 하지만 우리가 미처 기록하고 확인하기도 전에 기준선이 이동하면 이 타락한 상태를 정상으로 받아들이게 된다. 때로는 개선되었다고 착각하기도 한다.

이 원칙이 생태계에만 적용되는 건 아니다. 역사와 세대 간 기억은 우리에게 사회적·정치적 기준선을 제공하지만, 기억을 잃으면 우리가 경험하는 현재는 절대 피할 수 없고, 바꿀 수 없고, 설명할 수 없는 무언가로 느끼게 된다. 기억에는 힘과 가능성이 있다. 호황이 영원히 지속되지 않았음을 기억하고, 플레전트가 지지했던 사회 운동이 한 민족이나 국가의 역사를 바꿀 수도 있었다는 사실을 기억하고, 과거에는 인종, 젠더, 어린이, 연령에 대한 생각이 지금과 같지 않았다는 사실을 기억해야 한다. 일정 세월을 산 사람이라면 반드시 급격한 변화를 직접 목격하고 겪었을 것이다. 사실 우리가 과거라 여기는 것이 그렇게까지 과거도 아니다. 나는 지금도 어렸을 때 노예로 태어난 사람들을 직접 본 적이 있다는 사람들을 만난다. 그들을 통해 잔혹한 현실이 멀고 먼 옛날로 치부할 만큼 동떨어진 과거가 결코 아님을 확인한다.

필립스 여사가 처한 퇴거 조치는 늙고 연약하며 특별히 매력적인 여성이 당하고 있는 박해이지만 백살에 가까운 존재가 억압을 당한 사례가 과연 이뿐일까? 시인과 역사학자가 쫓겨나고 역사적인 시설이 퇴출당하고 있다. 라티노 드랙 바, 금

주법 시대에도 살아남았던 술집, 역사적인 흑인 서점, 극빈기를 버티게 한 중고 상점도 언제 사라질지 모를 위기에 처했다. 이러한 유서 깊은 장소 대신 들어서는 것은 보통 의도적으로 뿌리와 역사를 없애버린 듯한, 미래는 너무 밝고 찬란하기에 과거는 그림자 속으로 사라져도 된다는 비전을 내건 기업체들이다. 필립스 여사의 집에서 약 2.5킬로미터 떨어진 곳에 본사가 있는 에어비앤비는 전세계 수많은 도시(뿐만 아니라 소도시와 마을과 농어촌)의 원 거주자를 몰아내고 단기 체류자를 모집해 집주인과 부동산 투자자 들에게 이익을 가져다주는 기업이다. 이 도시의 점점 더 넓은 지역을 잠식하며 여기가 어떤 곳이었는지에 대한 기준선이라고는 없어진 놀이터로, 누구도 보호할 책임을 지지 않는 곳으로 바꾸어놓고 있다.

너무나 짧은 기간 안에서 측정하면 변화를 감지할 수가 없다. 사람들은 오늘의 이상한 모습이 절대적인 진리라도 되는 듯 착각하게 된다. 지금 머리에 떠오르는 이미지는 휴대폰 안의 지도다. 길을 찾으려면 너무 작아서 정보가 부족하거나, 맥락을 알아차리기 힘든 정보가 포함된 지도를 봐야 한다. 혹은 당신을 위해 모든 결정을 내려주지만 당신이 어디 있는지는 절대 파악하지 못하는 알고리즘의 지시를 맹목적으로 따라야 한다.

공식적으로 19세기 태생의 마지막 인류로 알려진 이탈리아의 엠마 모라노Emma Morano가 117세를 일기로 사망했을 때 나는 친구 샘 그린Sam Green에게 전화를 했다. 샘 그린은 정기적으로 바뀌는 세계 최고령 타이틀의 사람들을 기록하는 다큐멘터리를 찍고 있고 19세기 태생의 여러 인물을 영상에 담았다. 이제부터 그가 만날 사람은 20세기 초반에 태어난 이들이 될 것이다. 모라노가 사망하면서 그가 태어나 몇십일을 살았던 세기는 마침내 지평선 뒤로 넘어가버린 태양처럼 우리 눈앞에서 사라졌다. 점차 저물어가던 현재의 마지막 한줄기 햇살은 돌이킬 수 없는 과거가 되어버렸다.

이제 흑인 해방 운동가 소저너 트루스Sojourner Truth와 아메리카 원주민 수족의 추장 시팅 불Sitting Bull이 살았던 19세기는 지구 위에 살아 있는 인간의 기억과 경험으로는 절대 닿을 수 없는 세기다. 물론 아직은 한발만 건너면 되는 시대이긴 한다. 모라노는 나의 할머니와 같은 해에 태어났고 할머니는 1981년에 돌아가셨다. 패츠 도미노Fats Domino는 나의 어머니와 같은 나이로 아직 뉴올리언스에 살면서 음악의 전통을 잇고 있다.˙ 도미노의 출산을 도운 할머니는 노예제 시대에, 따라서 1863년 이전에 태어났고 손자가 어린 시절 함께 살았

˙ 미국의 음악가 패츠 도미노는 이 글이 쓰인 이후인 2017년 10월 24일 사망했다. — 옮긴이

다. 노예제 생존자들의 존재감은 21세기에도 이어지고 있으며, 우리가 전쟁 전 시대라고 말하는 시대, 또다른 전쟁 전 시대, 즉 앤티벨럼 시대(남북전쟁 전 시대)라고 부르는 시대가 여전히 집 안에 머물며 과거를 상기시킨다. 과거는 살아 있다. 과거는 현재를 넓혀주며 과거라는 밧줄이 대로로 바뀌어 더 안정감 있게 걸을 수 있게 해준다. 이 넓어진 대로에 서 있으면 더 많은 사람이 당신을 지나치고 오갈 수 있다.

샘과 함께 과거의 효용과 의미에 관해 대화하던 중 그는 자신의 친구이며 영화학 박사이자 큐레이터인 중국계 미국인 츠후이 양Chi-Hui Yang의 이야기를 꺼냈다. 몇세기 전 츠후이 양의 선조는 항렬자를 썼다. 다음 세대의 이름 글자를 미리 기록해놓은 것으로 후세를 위한 지침이라고도 할 수 있다. "첫 아이가 태어나기 전에 부친에게 이름을 지어달라고 편지를 썼다." 이름을 짓기 전에 항렬자를 확인하는 것이 먼저다. 데이비드 스폴딩David Spalding과 그의 남편인 리 젠후이Li Jianhui가 항렬자를 나에게 번역해주었다. 의미는 대체로 직설적이며 문중의 계보를 잇기 위한 목적이지만 글자 자체의 뜻은 다르다. "각각의 글자가 마치 짧은 시 같기도 한데, 전통 문자로 쓰여 있어 번역이 무척 까다롭다."

양씨 가문은 보통 한세대당 한글자의 돌림자를 사용하고 한바퀴가 돌면 다시 반복되기도 한다. 양은 28대손으로 그 세대의 돌림자인 '츠'를 같은 항렬인 형제자매와 사촌이 공유한다. 이 항렬자들은 전부 암송할 때까지 1,000년이 걸리는 코랄 같다. 항렬자는 이 글자를 이름에 붙이게 될 사람들의 삶을 미리 크게 외치는 듯하고 이 가문의 개인들은 그 항렬자의 한 부분이 된다. 이는 내가 상상할 수 없는 수준의 든든한 소속감으로, 그들은 갇히지 않으면서 소속된다. 거슬러 올라가면 조상이 노르만 정복자라고 말하는, 내가 아는 어느 가족과 달리 동양의 돌림자는 그저 영광스러운 과거를 주장하려는 목적이 아니다.

이 문서는 살아 있는 기록이고 여러 다양한 변주가 추가될 수 있다. 양의 할아버지가 이 문서에 몇글자를 더 써넣었고 몇세대 동안은 오직 아들만 돌림자를 넣어 이름을 지었지만 양의 부모님은 딸의 이름에도 돌림자를 넣었다. 물론 가문의 전통은 온전히 유지된다. 이 글자로 가족의 역사를 알 수 있고 그들이 살았던 장소가 드러나고 내가 상상하기 어려운 소속감과 장소 감각을 준다. 양씨 가문은 80대를 가로지르는 한 프로젝트에 몸담고 있다는 자신감이 있다. 아직 태어나지도 않은 후세와도 협동할 수 있으니 상상하기 힘든 변화 속에서도 소속감은 지속될 것이다.

나는 이제 과거의 기록이 담긴 보관소가 될 만큼 나이가 들었다. 나는 휴대폰 이전의 시대를 알고 있다. 집에 (인터넷은

고사하고) 컴퓨터도 없었던 시절을 살았다. 에이즈가 없었던 시대, 에이즈의 효과적인 치료약이 없었던 시대, 소비에트 연방 해체 이전 시대를 거쳤고 나를 포함한 여성들의 삶을 바꾼 페미니즘의 승리가 아직 오지 않았던 시절을 살았다. 과거와 현재가 이토록 상이할 수 있고 모든 것은 변할 수 있다는 믿음 앞에서 나는 종종 형언할 수 없는 해방감을 느낀다. 이 순간도 지나가리라는 사실을 알기에 자유롭다. 이랬던 과거가 있었고 이러한 미래가 올 것이고 인간으로 사는 다른 방식이 있을 것이다. 그러나 상실은 점진적인 진화를 통해 오지 않고 한순간에 이루어지고 만다. 퇴거와 말소라는 변화는 나에게 전혀 해방감을 주지 않는다.

메리 엘리자베스 필립스 여사는 결국 집주인에게 승소했으나 다소 씁쓸한 이유였다. 집주인이 여사의 얼마 남지 않은 수명에 기대를 걸고 남은 기간 집에 살도록 허가해준 것이다. 나머지 입주민들은 모두 떠나야 했다. 여사는 2016년 말 자신의 안전한 집에서, 가까운 친지나 이웃들 없이 100세 생일이 지나고 며칠 후에 세상을 떠났다. 내가 마지막으로 양과 연락을 해보았을 때, 그와 그의 파트너는 2017년에 태어난 딸의 이름에 돌림자를 어떻게 넣을지 고민하고 있었다.

최근에 필립스 여사가 언급한 적이 있었던 유칼립투스 산

책로를 걸었다. 희미하게 기억이 날 듯 말 듯했는데, 내가 그곳에서 1.6킬로미터 정도 떨어진 곳에서 30년을 살았는데도 한번도 가보지 못했던 장소였다. 그 나무는 메리 엘런 플레전트가 1904년 사망하기 전에 심은 나무들로, 플레전트가 사적·경제적으로 복잡하게 얽혔다가 결국 갈라서고 만 백인 가족과 같이 살던 망사르드 지붕을 얹은 맨션 앞에 있다. 유칼립투스 묘목을 심은 건 이 맨션이 병원이 되기 전이었으며, 일본 이민자 가족이 억류 캠프에 가기 전이었고, 남부에서 탈출한 아프리카계 미국인이 이 도시에 정착하기 전이었고, 도시 재건 사업이라는 명목으로 활기 넘치던 흑인 거주 지역을 없애고 도로를 깔고 재개발하기 전이었고, 수많은 일이 일어나기 이전이었다.

이 유칼립투스 나무는 말없이 긴 세월을 견디면서 플레전트의 시대에서 나의 시대까지 이어졌다. 이 나무의 지속성은 현재라는 구간을 훨씬 넓혀 수명이란 과연 무엇을 의미하는지에 대해 이제까지와는 다른 설명을 해준다. 미국에는 1,000년이 넘은 나무가 있고, 박물관에는 무려 2,000년 전의 나이테가 있는 삼나무 조각이 전시되고 있다. 1920년의 사진에도 플레전트의 나무가 있는데, 그때는 나무가 무척 작았고 촛불 모양의 묘목이라 그 뒤의 거대한 맨션에 비해 손바닥만 해 보인다. 그렇게 90년이 흘렀고 현재 살아남은 다섯그루의 밑동이 이제는 얼마나 우람한지 인도까지 뻗어 있을 정도다. 나는 걷다가 한 둥치에 발이 걸려 넘어질 뻔했다. 나무 몸통은 반쯤 벗겨진 크림색과 회백색 껍질로 싸여 있었다. 내 머리 위로 미풍이 살랑였고 나뭇잎들은 비단처럼 바스락거렸다.

무너지는 기념 동상과 이름의 힘

2018년 봄 뉴욕시는 흑인 노예를 상대로 부인과 수술 실험을 한 산부인과 의사 제임스 매리언 심스James Marion Sims의 동상을 센트럴 파크에서 철거했다. 그해 가을에는 미국 의회 최초의 흑인 여성 의원이자 1972년 민주당 대선 경선에 출마했던 셜리 치점의 동상을 브루클린에 설치한다는 계획을 발표했다. 2018년 9월 14일 이른 새벽에는 샌프란시스코 시내 광장에 있던 '정착 초기'라는 거대한 동상이 허물어졌다. 반나체 원주민과 세례를 하는 신부와 개척자를 묘사한 이 동상은 오랜 기간 논란이 되어왔다. 10월 샌프란시스코 국제공항의 국내 터미널 이름은 최초의 성소수자 공직자의 이름을 따 하비 밀크 터미널 1이 되었다. 12월 7일 샌프란시스코는 펠란 애비뉴(19세기 말 중국 이민자 반대 정책과 관련된 이름)로 불리던 도로를 프리다 칼로 웨이로 변경했다.

이 밖에도 여러 주에서 남부연합 조형물과 남부군 동상을 철거하고 있다. 봄에는 앨라배마주 몽고메리에서 폭력 사건의 희생자들을 기억하는 평화와 정의를 위한 국립기념관이 개관했다. 가을에 애틀랜타는 컨페더레이트(남부군) 애비뉴란 이름을 폐기했다. 올해〔2019년〕 시카고에서는 1862년에 노예의 딸로 태어나 언론인이자 민권 운동가로 활약한 아이다 B. 웰스의 동상을 세우기 위한 자금 모금을 완료했다. 8월 16일에는 볼티모어가 남부군 조형물 여러점을 철거하고 공원 한편의 이름을 해리엇 터브먼 그로브라고 붙였다. 이 도시가 남북전쟁의 진영을 바꾸었다고 할 수 있는데, 원래 그 자리를 지켰던 노예제 찬성자 스톤월 잭슨Stonewall Jackson과 로버트 E. 리Robert E. Lee가 사라지고 비밀 조직 언더그라운드 레일로드의 일원으로 조직적으로 노예를 탈출시킨 여성의 이름이 붙은 것이다. 또 하나의 터브먼 동상이 뉴욕주 오번에서 올라가고 있다(터브먼 동상은 1999년에 사우스보스턴에도 설치되었고 그 도시 최초의 여성 기념비였다). 댈러스의 로버트 리 장군 동상이 철거되었고 뉴올리언스에서도 2017년 반대론자들의 협박 속에서도 리 장군 동상을 비롯해 총 네점의 남부군 조형물을 철거했다. 그해 봄에는 내가 보리라 기대하지 않았던 장면을 또다시 보게 되었다. 뉴올리언스 리 서클 광장을 지키던 20미터 높이 기둥 위 5미터짜리 대형 남부군 총사령

관 동상이 크레인에 의해 끌려 내려오는 광경이었다.

　무언가 심오한 변화가 일어나고 있다. 동상과 명칭은 그 자체로는 인권도 아니고 약자를 위한 공평한 기회도 아니다. 그러나 이 기념물들은 도시 조경의 중요한 요소이고, 시민들에게 누가 중요하고 누구를 기억해야 하는지 말해주는 기능을 한다. 조형물은 우리 상상력의 소재가 되고 과거를 보는 시각을 형성하며 어떤 미래를 선택해야 하고 현재 누구를 높이 평가하고 누구의 말을 경청해야 하는지 결정하는 데 막대한 영향을 미친다. 이 모든 것이 변하고 있다는 사실은 여러 가지 커다란 의미를 지닌다. 어떤 장소건 '우리'가 누구인지가 중요한데, 식민지 개척자와 아메리카 원주민 살인자에 찬사를 보내는 기념물은 기타 수많은 서구 세계가 그래왔듯이 원주민들을 우리가 아닌 타자나 적으로 분류한다. 오직 남성만을 찬양하는 장소는 여성을 이름 없는 존재로 정의한다. 식민지 개척자들은 새로운 영토에 도착하자마자 그 땅의 이름을 다시 지으면서 소유권을 주장하려 했고 탈식민지 운동에는 언제나 이름 되찾기가 포함되었다. 전쟁의 승자들은 자신들의 동상을 세우고 그들 관점의 역사를 쓰려 한다. 공적 공간의 변화는 알래스카주부터 플로리다주까지 전국적으로 진행되는 근본적인 변환의 이유가 아니라 결과 중 하나일 뿐이다. 아직 충분하지도 광범위하지도 완전하지도 않다. 그러나 아름다운 시작임은 분명하다.

　이러한 상징물들이 직접적인 영향을 미치는 대상은 이 상징물이 반영하는 사람들인 것처럼 이야기할 때가 많다. 말하자면, 인권 운동가 로자 파크스의 이름을 딴 학교의 일차 수혜자들은 흑인 어린이들이고 특히 흑인 소녀들일 거라 짐작하는 식이다. 그러나 대표성은 흑인이자 여성이 아닌 이들에게도 중요하다. 백인 남성들이 무대를 다른 사람들과 공유해야 한다는 말에 펄쩍 뛰는 건 이제까지 이 세상이 백인 남성을 중심으로 돌아가서다. 이런 기조는 백인 남성들에게도 결코 바람직하지 않다. 넓게 보면 광장과 거리 이름의 변화는 미투 운동이나 '흑인의 생명은 소중하다' 운동이 일으킨 변화와 유사하다고 할 수 있다. 어떤 사람의 목소리가 들리고 어떤 삶이 가치 있게 매겨지는지에 대한 변화다.

　캐나다에서는 지난 2014년부터 과거 원주민 기숙학교 부지에 원주민 예술가들이 직접 제작한 기념 명판이 설치되고 있다. 이 학교에 다닌 원주민 학생들은 죄수보다 더한 인권 유린을 당했다. 최근 캐나다 전역에서 존 A. 맥도널드John A. MacDonald의 동상들이 훼손되거나 철거되고 있는데, 그는 캐나다 최초의 총리이기도 하지만 원주민 기숙학교 같은 원주민 말살 정책에 앞장선 인물이다. 영국 런던은 남성들의 동상이 즐비한 팔러먼트 광장에 첫 여성 동상을 추가했고 프랑스

파리는 여성의 이름을 딴 지하철역을 늘리는 중이다(이전 '유럽역'에는 아우슈비츠 생존자이자 보건부 장관이었던 시몬 베유Simone Veil의 이름이 붙었다).

아이리시해를 끼고 있는 도시 더블린도 도시의 역사를 다시 쓰는 작업을 쾌조 속에 추진 중이다. 이 도시는 치욕과 패배를 상기시키는 식민지 조형물이 없고 영국 식민지로부터의 독립과 국가의 자부심을 상징하는 기념물이 많다. 아일랜드의 민족 운동가와 세계적으로 유명한 작가를 기념하는 수많은 남성 동상이 있고 몇점 안 되지만 여성 동상이 있다. 그러나 이 전환이 언제나 매끄러웠던 것은 아니다. 영국 국왕의 동상과 식민지 정부 인물의 동상 들은 주로 폭탄 테러로 사라졌다. 초대형 빅토리아 여왕 동상은 쓰레기처럼 철거되어 호주로 이송되었다. 부활절 봉기 50주년 만인 1966년에 일어난 마지막 아일랜드 독립투쟁, 이른바 험티 덤티 작전 중에 시민들은 더블린의 중심가인 오코넬 스트리트에 장기간 세워져 있던 넬슨 제독의 대형 동상을 폭파해버렸다.

150년 동안 식민지 정치가의 이름을 따 색빌 스트리트로 불렸던 더블린의 넓은 간선도로는 1924년에 민족의 해방자로 추앙받는 대니얼 오코넬Daniel O'Connell의 이름을 붙인 오코넬 스트리트로 개명되었다. 시인과 소설가 들의 동상과 기념비 또한 숱하게 많은 편이지만 안타깝게도 대부분 남성 작가들이다. 그래도 교회나 성당은 신기할 정도로 여성 동상과 이미지가 많은 장소인데 아마 여성은 수호성인이나 성모로서 기억되기 때문일 것이다. 남성적인 지명이 대다수인 북미에서도 예외적으로 여성의 이름을 딴 도시들이 있는데, 여성 성인의 스페인어 이름으로 캘리포니아주의 샌타클래라, 샌타로자, 샌타바버라, 샌타애나 등이 있다.

우리 민족의 영웅적 면모를 찬양하기 위한 대조군으로 타자의 범죄를 기억하는 건 쉽지만 내부 고발은 쉽지 않다. 최근 몇년간 아일랜드 정치와 종교계에서 여성과 어린이 성폭력 고발이 이어졌고, 수녀원이 운영하는 공장에서 임신한 미혼 여성들을 투옥한 사례들이 밝혀졌으나 생존 중이나 사망 후에도 이들의 고통과 존재는 지워져 있었다. 2015년 리머릭 카운티에는 기숙사에서 학대받은 아동을 기억하기 위한 기념물이 설치되었다. 더블린에서는 2009년 보고서가 나온 후 학대 피해자 기념관 건립이 추진되고 50만 유로의 예산도 책정되었지만 현재는 무기한 연기된 상태다.

"기념관은 더블린 1구역 파넬 광장의 아일랜드 독립 추모 공원 내에 건립될 예정이었으나 2013년 11월 입안위원회인 안 보드 플리날리가 승인을 거부했다. 아일랜드의 독립을 위해 싸우다 전사한 이들을 위한 기존 추모공원의 성격과 기능에 부정적인 영향을 미친다는 이유에서다." 『아이리시 타임스』*Irish Times*의 기사다. 이를 보며 우리가 기념하는 사람이 누구이고 어떤 종류의 자유를 기념해야 하는지에 대한 질문을 제기해볼 수 있다.

미국이 변한다는 증거는 인구 분포 변화와 권력 이동 안에도 명백하게 드러나 있다. 115대 의회의 민주당 간부 중 39퍼센트가 비백인으로 미국 실제 인구 비율보다 1퍼센트 높다. 물론 인구의 51퍼센트를 차지하는 여성의 비율은 국회에서 여전히 심각하게 과소 대표되고 있는 실정이다. 2018년 중간 선거 기간에 원주민 여성 두명이 하원으로 선출되었으나 그들이 역사상 최초라는 사실이 새삼 놀라울 뿐이다. 그러나 그들이 절대 마지막은 아니라는 점이 중요할 것이다. 플로리다주에서 사상 첫 흑인 주지사 후보로 나선 앤드루 길럼Andrew Gillum과 조지아주의 주지사 후보였던 스테이시 에이브럼스Stacey Abrams는 아마 조직적인 투표 방해가 없었다면 과반수 득표로 당선되었을 것이다. 백인들의 고충을 과장하고 인종주의적 정책을 고수하며 의도적으로 비백인들의 표를 배제했던 공화당은 이제 백인 여성들까지도 잃고 있다. "우리는 교외 여성들의 문제를 공약으로 언급해야 합니다. 현실이기 때문입니다." 11월 중간 선거 결과 이후 사우스캐롤라이나주 공화당 상원의원 린지 그레이엄Lindsey Graham은 이렇게 우려를

표했다.

새로운 목소리들이 등장하고 구석에서 새로운 아이디어들이 나타나며, 이들은 점점 중앙으로 이동해 목소리를 높인다. 미국 오리건주에서 청소년 21명이 연방정부와 화석연료 기업들을 상대로 소송을 제기했고 이 소송은 3년 넘게 진행 중이다. 열다섯살의 스웨덴 소녀는 2018년 폴란드에서 열린 기후 정상회담에서 감동적인 연설로 전세계인을 고무시켰다. 알렉산드리아 오카시오코르테스Alexandria Ocasio-Cortez의 승리는 그해의 가장 근사한 파격이었고 이 젊은 여성 정치인은 그린 뉴딜 결의안을 제출해 가속도를 붙였다. 그린 뉴딜 정책은 보다 근본적인 변화를 상상하고 포용할 수 있게 한다(설문 조사에 따르면 국민의 80퍼센트가 찬성한다). 대안 우파가 문제로 떠오르긴 하지만 전반적으로 젊은 세대는 인종이나 성적 지향에 더 진보적인 관점을 갖고 있으며 올해 여름 갤럽 조사에 따르면 18세에서 29세 사이의 미국인들은 자본주의보다 사회주의를 선호한다는 결과도 나왔다. "이 변화는 지난 2년 동안 청년들의 자본주의에 대한 긍정적인 관점이 12퍼센트 하락했음을 나타낸다."

내가 성장할 때만 해도 미국이 백인 기독교 국가라는 건 불변의 원칙과도 같았다. 그러나 백인성과 종교성은 이미 퇴화 중으로 2012년 『뉴욕 타임스』 기사는 다음과 같이 발표했다.

"미국인들의 종교 정체성 조사를 시작한 이후 사상 최초로 교회를 다닌다고 대답한 인구가 50퍼센트에 미치지 못했다. 인구의 3분의 2 이상이 개신교였던 40여년 전에 비한다면 대폭 감소한 수치다." 2018년 12월 『뉴스위크』의 기사는 이 변화의 시사점에 주목한다. "백인 복음주의 기독교인의 평균 연령은 55세이다. 30세 이하 미국인의 단 10퍼센트만이 자신을 백인 복음주의 기독교인이라 칭한다. 젊은이들의 이탈이 급속히 진행되고 있고 인구학자들은 2024년 대선 시점에는 복음주의 기독교도가 중요한 정치적 세력이 되지 못하리라 전망한다."

이것은 공화당이 처한 암울한 현실로 대대적인 개혁이 일어나지 않으면 그들은 난항을 겪게 될 것이다. 상대 정당은 그래도 개혁의 의지가 보이는데 내부적 반성에서라기보다는 새로운 외부 인물이 유입한 덕분이다. 백인 기독교인들의 비율이 감소하지 않는다고 해도 어차피 비백인 인구가 증가하고 있으며 앞으로 25년 내에 전국적으로 더 큰 비중을 차지할 예정이다. 이미 캘리포니아주에서는 히스패닉이 백인을 추월했다. 공공장소의 명칭 변화와 기념물과 동상의 변화는 더 포괄적이고 인도적인 비전을 향해 가는 길에 놓인 작은 승리들이며 이는 트럼프 정권이라는 그림자 아래에서도 이루어졌다. 이런 견지에서 트럼프 정권은 백인 기독교 세계의 피할 수 없는 종말 앞에 나타난 한차례의 백래시일 뿐이다. 인구가 적은 주들에서만 받는 이례적인 지지, 선거인단제도, 게리맨더링, 투표 방해들은 계속해서 새로운 미국이 선거에서 자신을 제대로 표현하지 못하도록 막을 것이다. 그러나 11월 선거의 푸른 물결이 이 수많은 방해 공작들은 극복했음을 보여준다. 이 지역의 변화들은 우리가 과거의 우리가 아니라는 사실을 공표한다.

　남부연합 조형물들을 둘러싼 갈등 안에서도 이 문제가 중요함을 알 수 있다. 여러 남부 주들이 남부연합 기념물을 보호하는 법을 통과시켰으나 멤피스에서는 올해 제퍼슨 데이비스Jefferson Davis와 KKK 설립자인 네이선 베드퍼드 포러스트Nathan Bedford Forrest의 동상을 철거하기 위한 제2의 계획을 세웠다. 2017년 샬러츠빌의 백인 시위대는 남부연합 동상의 철거 계획을 알고 "너희는 우리를 대체할 수 없어"라고 외쳤다. 그러나 어쨌건 우리는 그들의 동상을 대체할 것이고 변화를 따르고 싶지 않다면 그들은 마가MAGA의 슬로건이 약속하듯이 역사를 과거로 돌려야 할 것이다. 대표성에 대한 갈등은 남북전쟁의 연장선으로 볼 수 있고 어쩌면 남부연합의 한참이나 뒤늦은 패배일지도 모른다.

　최근 노예 소유주이며 인종주의자인 조지프 르콩트Joseph

LeConte의 이름을 학교명으로 사용한 버클리의 르콩트 초등학교가 인권 운동가의 이름을 딴 실비아 멘데즈Sylvia Mendez 초등학교로 개명했다. 그전에 시에라 클럽은 요세미티에 있는 르콩트 별장의 이름을 바꾸었다(르콩트는 UC 버클리의 교수이며 시에라 클럽의 공동 설립자이기도 했다). 콜로라도주와 몬태나주에서는 산의 명칭을 변경하는 것까지도 고려하고 있다. 알래스카주의 북미 최고봉 디날리산은 몇 년 전에야 본래 이름인 원주민어로 바뀌었는데 그전에는 무려 120년 동안 윌리엄 매킨리William McKinley 대통령의 이름을 따 매킨리산이라 불렸다. 노던캘리포니아에서는 인종차별 전적이 있는 매킨리 대통령의 동상이 철거되었다.

공공장소와 경관에서의 변화를 본다는 것은 우리가 서 있는 이 땅, 우리가 여행하는 도로들, 우리가 존경하는 인물들의 변화를 보는 일이다. 우리는 다른 장소, 다른 사회를 위한 다른 기반을 쌓고 있다. 권력의 중심부에서는 여전히 퇴보가 이루어지기도 하지만 점차 확장되는 진보는 멈출 기미가 보이지 않는다.

어린 기후 운동가들에게 보내는 편지

오늘 기후변화 대응을 촉구하는 등교 거부 시위를 한 청소년들에게 말하고 싶습니다. 비합리적이어서 감사하다고. 합리적이라는 말은 규칙에 순응한다는 뜻이고 규칙이란 지금이 상황에서 무엇이 가능하고 무엇이 가능하지 않은지에 대한 지침을 뜻합니다. 여러분은 아마도 불가능한 것 혹은 불합리한 것을 요구하지 말라는 말을 들었을 거예요. 그 말을 듣지 마세요. 멈추지 마세요. 여러분의 꿈이 단 1인치도 줄어들게 하지 마세요. 아마도 오늘이 바로 그날, 바로 그해가 될 수도 있습니다. 즉 무엇이 가능한지 다시 쓰는 날이지요.

기후변화 활동가들은 이 땅의 모든 에너지 시스템의 폭넓

• 2019년 3월 15일 세계 50여개국의 청소년 수십만명이 기후변화에 대한 적극적인 대응책을 요구하는 등교 거부 시위(Global Climate Strike for Future)를 벌이고 거리 집회를 열었다. ──옮긴이

은 변화를 요구합니다. 화석연료를 지하에 내버려두고 기후 변화라는 이 전지구적인 위기에 맞는 적절한 대응을 찾는 것이지요. 그리고 우리에게 강요되는 규칙은 보통 변화할 준비가 되어 있지 않은 사람들이 만든 것이며 그것은 진짜 규칙이라 할 수 없습니다. 지난여름 한 중학생이 국회의사당 앞에 앉아 기후 운동을 위한 1인 등교 거부 시위를 하자, 이에 많은 어른들이 여러분에게 세상에 이런 법은 없을 거라 설명했습니다. 외딴곳에 사는 열다섯살 소녀 혼자서 세상을 변화시킬 수는 없다고 말입니다.

스웨덴의 그레타 툰베리는 그 일을 해냈습니다.

어른들이 말하는 세상의 규칙이란 뉴스와 국회와 이사회에 자주 보이는 사람들이 모든 힘을 갖고 있으며 우리는 무조건 그들에게 공손해야 하고, 그러다보면 그들이 우리에게 빵 부스러기를 던져줄 수도 있고 아니면 우리 얼굴 앞에서 문을 닫아버릴 수도 있다는 것입니다. 어른들은 변화란 예측 가능한 수단을 동원해 한발자국씩 바꾸는 것만 가능하다고 말했을 것입니다. 완전히 틀린 말입니다. 가끔은 허락이든 다른 그 무엇이든 구하지 않아도 돼요. 여러분이 이미 힘을 갖고 있고 여러분 스스로가 어떤 문을 열지 결정하면 됩니다. 즉 우리가 함께 일어나면 그 어떤 것이든 가능합니다. 오늘 여러분이 한 일이 바로 그 행동입니다.

오늘 여러분에게 특별히 감사와 열정이 가득한 편지를 쓰는 이유는 거의 60여년을 살아온 사람으로서 이 세상에서 일어난 무수한 변화를 충분히 목격해왔기 때문입니다. 나는 과거에는 불가능하다고 규정되었던 일들이 실제로 일어나고 또일어나는 걸 보았습니다. 나는 평범한 사람들의 비폭력적이고 직접적인 행동이 체제를 뒤흔드는 장면을 목격했습니다. 나는 권리의 극적인 확대가 우리의 상상에서뿐만 아니라 법제정으로 이루어지는 걸 보았습니다. 나는 한때 급진적으로여겨졌던 젠더와 성적 지향과 인종 개념들, 정의와 평등, 자연과 생태계에 대한 사고가 평범하고 일상적인 개념과 사고로 받아들여지는 걸 보았습니다. 그러나 나는 사람들이 우리의 마음이 얼마나 변했고, 그 변화의 과정이 얼마나 중요했는지 망각하는 모습도 보았습니다.

내가 태어나서 보았던 그 세상은 더이상 존재하지 않습니다. 여성의 역할은 그 이후에 유례없는 속도로, 대체로 더 나은 쪽으로 발전했습니다. 소비에트 사회주의 연방공화국은 30여년 전 어느날 갑자기 소멸했습니다. 이는 스스로도 무력한 줄만 알았던 동구권 국가의 국민이 군대와 비밀경찰이 점령한 정권을 실각시키고 소련으로부터 독립 선언을 한 후에일어난 일이었어요. 남아프리카공화국에서 아파르트헤이트가 종식되고 옥중에 있던 인권 운동가가 대통령으로 당선되었습니다. 나는 게이와 레즈비언과 트랜스가 범죄자였던 세상에 태어났으나 점점 많은 주가, 미국이, 다른 국가들이 이들과 관련된 법과 태도를 바꾸었습니다.

20여년 전만 해도 풍력발전소와 태양광 산업은 어설프고 비효율적인 고비용 산업으로 여겨졌으나 이제는 화석연료 시대의 종말을 꿈꿀 수 있을 정도로 비중 있는 에너지 자원이 되었습니다. 지구 환경 시스템을 인식하는 언어가 생겨나 모든 것이 연계되어 있고 모든 일에는 마땅한 결과가 있음을 설명해주었습니다. 과학을 통해 자연을 배우고 역사를 통해 사회적 영향력을 공부하면서 우리를 잇는 실이 얼마나 아름답고 질긴지도 알게 되었습니다. 여기 또 하나의 실을 소개하고자 합니다. 그레타 툰베리는 자신에게 결정적인 영향을 미친 인물이 누구라고 했을까요? 바로 로자 파크스입니다.

1913년 앨라배마주 터스키기에서 태어난 흑인 여성이 90년이 지나 스웨덴의 백인 소녀에게 영감을 주어 그 소녀가 기후변화를 위한 적극적 행동을 취할 수 있었다는 건 무엇을 뜻할까요? 모든 것이 실처럼 연결되어 있고 우리 행동의 결과가 지금 당장 눈앞에 선명하게 보이지 않더라도 여전히 중요하다는 점을 시사합니다. 로자 파크스가 세상의 규칙을 깨고 자신의 이상대로 살았던 건 여전히 중요하고 여전히 힘을 갖고 있으며 여전히 그의 상상 이상으로, 그의 생애를 넘어서, 그가 태어난 대륙과 활동한 분야를 벗어나서 영향력을 미치고 있는 것입니다.

규칙은 당연해 보이는 것들의 규칙입니다. 누가 힘을 가졌는지 안다는 가정, 변화가 어떻게 일어나는지 안다는 가정, 무엇이 가능한지를 안다는 가정이지요. 하지만 역사의 진정한 교훈은, 변화는 예측할 수 없는 방식으로 온다는 것입니다. 힘은 우리 대부분 어디인지도 모를 곳에서 갑자기 튀어나온 누군가의 손으로 들어가기도 합니다. 나는 툰베리가 언제 어떻게 나타날지 알지 못했고 미국의 기후변화 시민운동 선라이즈 무브먼트와 영국의 멸종 반란 운동과 제로 아워가 언제 우리 앞에 당도하게 될지 몰랐습니다. 선한 일은 중요합니다. 이상에 따른 행동은 중요해요. 다만 왜 중요한지는 언제나 명백하지도 않고 언제나 즉각적이지도 직선적이지도 않습니다.

"처음 국회의원에 출마해야겠다고 생각한 곳은 노스다코타주의 스탠딩 록*이었습니다." 알렉산드리아 오카시오코르테스는 2018년 최연소 여성 국회의원으로 선출된 이후에 이렇게 말했습니다. "그곳에서 투쟁하던 이들은 만난 적도 없고

• 원주민 보호구역. 대형 송유관 건설 반대 시위가 벌어진 곳이다. —옮긴이

알지도 못하는 사람들의 생존권을 위해 자신의 목숨을 걸고 싸우고 있었어요. (…) 그 모습을 보면서 나도 가만히 있을 순 없다는 걸 알았습니다.”

2016년 라도나 브레이브 불 앨러드LaDonna Brave Bull Allard를 비롯한 여러 사람이 모여서 다코타 액세스 송유관 건설을 반대하는 캠프를 세웠을 때 그들은 자신들의 행동이 어떤 결과를 불러올지 예상하지 못했습니다. 그 결과 중 하나가 바로 한 젊은 여성의 뉴욕 시의원 출마였습니다. 오늘날 오카시오코르테스는 뉴욕 14구를 대표하고 있으며 90퍼센트 이상의 하원의원이 그녀가 2018년 여름 예비 선거 당선 직후부터 알렸던 그린 뉴딜을 지지하고 있습니다.

선라이즈 무브먼트 또한 그린 뉴딜에 대한 인식과 지원을 높이는 데 적극 관여했지요. 2017년 창설된 선라이즈는 청년들이 주도한 시민운동으로, 목표는 “기후변화를 막고 질 높은 일자리를 창출하는 것”입니다. 이 운동의 공동 설립자인 바시니 프라캐시Varshini Prakash는 최근에 「허핑턴 포스트」에 이렇게 말했습니다. “선라이즈는 그린 뉴딜을 위해 싸울 준비가 되어 있지만 아직 그린 뉴딜을 제대로 접하지 못한 다수의 미국인을 설득하기 위해 노력하고 있습니다.” 나에게는 국내 정치권에서 목소리를 키우고 있는 이 운동이 오카시오코르테스의 급부상보다도 더 놀랍고 짜릿했습니다. 앞으로 어떤 일이 일어날지 절대 모르는 거예요.

　내 주변에서 일어나는 일들을 보면서 나는 이 현상을 기후 변화 모멘텀이라고 부르고 싶습니다. 뉴질랜드부터 노르웨이까지 전세계가 기후변화에 반응하고 있어요. 캐나다와 미국에서 송유관 차단 운동이 일어났습니다. 투자자들은 프래킹*과 석탄 원료에서 발을 빼고 있고요. 대학과 연금 펀드 또한 화석연료 투자를 멈추고 있습니다. 태양광발전소와 풍력 터빈이 전세계 곳곳에 설치되고 공학자들은 더 질 좋고 저렴한 기술을 만듭니다. 석유 회사와 석탄광 회사에 대한 고소가 이어지고 있지요. 정치가, 신문 논설위원, 사업가 등 제도권 내의 인사들이 이전과는 다르게 환경 운동에 동참합니다. 다채로운 방법의 다양한 일이 동시다발적으로 일어나면서 인류가 마주한 사상 최대의 위기에 대응하고 있습니다. 여전히 충분치 않지만 점점 더 많은 사람들이 재난 앞에서 행동을 개시한다는 표시이기도 합니다. 나도 어떤 일이 일어날지 전혀 모르는데, 일이란 우리가 일으켜야 일어나기 때문입니다. 그러므로 오늘 전세계에서 등교 거부 시위가 일어난 것이지요.

　그래서 나는 말을 하기 시작합니다. 무슨 일이 일어날지 묻

---

* fracking. 수압 파쇄 공법. 석유와 가스 등을 추출하기 위해 물과 화학제품 등을 혼합한 물질을 고압으로 분사해 바위를 파쇄하는 공법으로 환경오염의 주범으로 지적된다. — 옮긴이

지 마시길 바랍니다. 당신이 먼저 그 일이 되기를 바랍니다.

오늘의 여러분 또한 지금 일어나는 일이라고 할 수 있습니다. 오늘 여러분의 힘을 앞으로 모두 느끼게 될 것입니다. 오늘 여러분의 행동은 중요해요. 여러분 개인은 그저 몇몇 사람들과 함께, 혹은 수백명과 함께 일어났다 생각할지 모릅니다. 그러나 여러분은 전세계의 수백수천만명의 사람들과 같이 일어난 것입니다. 태어나지 않은 사람들을 위해서도 일어난 것이고 아직은 보이지 않는 수천만명의 사람들도 여러분과 함께하고 있습니다. 오늘 여러분은 현재를 가로질러 흐르는 힘과 가능성이며 이는 사막에 흐르는 강과 같습니다.

사랑을 담아,

리베카

| 감사의 말 |

　이 책은 어떤 면에서 사회와 나와의 대화를 기록한 원고이
다. 이 사회는 현재 역동적인 변화를 겪고 있으며, 결국 무너
질 예정인 현 상황의 가장 유해한 부분을 지키려고 애쓰는 권
력에 대항해 변화를 만드는 사람들이 눈부신 승리를 거두기
도 했다. 이 책의 밑바탕이 된 소재들은 페미니즘, 인종 정의,
기후 운동 등을 비롯한 인권 운동이 이룬 지각변동, 거리 이
름이 바뀌는 등 공공장소의 변화, 구시대적 프레임의 해체 등
이다.

　가장 먼저 저항 운동에 감사 인사를 드리고자 한다. 페미니
즘에게, 이민자 권리 운동에게, 퀴어 문화에게 경의를 표한
다. '흑인의 생명은 소중하다' 운동, 경찰 감시단, 약자를 대
변해 소송에 나서준 변호사들에게 존경을 보낸다. 같이 거리
를 행진했던 수많은 시민, 조직을 이끌고 캠프를 지켰던 이

들, 2018년 중간 선거에서 푸른 물결을 만들어 전례 없을 정도로 많은 유색인 여성을 국회로 보낸 유권자들에게 감사한다. 투표권 운동가들, 내 글에 꼭 필요한 정보를 제공해준 기자, 저널리스트, 논설위원, 에세이스트 들이 사실과 정확성 수호에 앞장서주어 고맙다. 기후변화 운동가들, 내가 이사로 활동할 수 있어 영광인 환경 단체 '350.org'와 오일 체인지 인터내셔널의 발전을 빈다. 선라이즈 무브먼트, 그레타 툰베리, 송유관 설치 반대 원주민 운동가들, 스탠딩 록, 그린 뉴딜에도 고마울 뿐이다. 헬스 백본 그릴의 젠 캐슬Jen Castle과 블레이크 스폴딩Blake Spalding, 트럼프 행정부와 싸운 유타주 시민 등 지역사회 운동가들에게 고마움을 전한다. 전국의 송유관을 감시하는 시민들, 훌륭한 법안을 밀어붙이고 새 소식을 만드는 시민들이 자랑스럽다.

이 책에 실린 글을 함께 작업한 에디터들에게 감사하다. 특별히 『가디언』의 아마나 폰타넬라칸Amana Fontanella-Khan과 샬럿 노스에지Charlotte Northedge(그들 뒤에 캐서린 바이너Katherine Viner가 있다), 「리터러리 허브」Literary Hub의 조니 다이아몬드Jonny Diamond와 존 프리먼John Freeman에게 감사한다. 『하퍼스』에서 나의 마지막 에디터였던 에밀리 쿡Emily Cook과 카티아 바크호Katia Bachko는 몇년 전 내가 (1851년부터 시작된) 유서 깊은 칼럼 「이지 체어」Easy Chair의 첫 여성 고정 필자가 되도록 해주었다. 캘리포니아 대학 출판사의 닐스 후퍼^{Niels} ^{Hooper}는 2016년에 뉴욕 지도 프로젝트의 일부인 「여인들의 도시」를 처음 실어주었다. 모나 하툼에 대한 에세이를 쓸 수 있도록 나를 초청해준 드메닐 컬렉션의 미셸 화이트^{Michelle} ^{White}에게도 고마움을 전한다.

헤이마켓 출판사와 전직원에게 진심 어린 감사를 보낸다. 앤서니 아르노브^{Anthony Arnove}, 캐럴라인 루프트^{Caroline Luft}, 제 주스 라모스^{Jesus Ramos}, 짐 플랭크^{Jim Plank}, 레이철 코언^{Rachel} ^{Cohen}은 같이 일하면 일할수록 기쁨이 커지는 이들이다. 이 책은 작지만 강하고 이상을 실현해나가는 이 출판사에서 출간한 여섯번째 책이다. 나의 에이전트 프랜시스 코디^{Frances} ^{Coady}에게 언제나처럼 고맙다는 말을 하고 싶다.

에리카 체노웨스^{Erica Chenoweth}와 L. A. 카우프만^{L. A.} ^{Kauffmann}의 현 사회에 대한 분석은 특별히 더 도움이 되었다. 타지 제임스^{Taj James}는 정치에서도 시를 잃지 않도록 해주었 다. 제이미 코테즈^{Jaime Cortez}는 신뢰란 무엇인지 일깨워주었 고 샘 그린은 곁에서 응원해주었다. 오션 브엉^{Ocean Vuong} 덕 분에 모든 단어가 중요함을 다시금 깨달았다. 엘레나 아세 베도^{Elena Acevedo}와 달리아 리스윅의 관점과 열정에 감사한 다. 샌프란시스코 거리 행진을 함께 한 콘치타 로자노^{Conchita} ^{Lozano}와 가족들, 나를 신뢰하고 아름다운 이야기를 전해준

츠후이 양, 족보를 번역해준 데이비드 스폴딩과 리 젠후이, 끝까지 신념을 지킨 메리 엘리자베스 필립스 여사도 잊지 못할 것이다. 기후위기를 설명하는 단어, 거리 이름, 학교 이름을 바꾸기 위해 노력한 이들, 새로운 용어를 만들어 새로운 것들을 새로운 방식으로 묘사할 수 있게 해준 이들에게 감사한다. **교차성**을 이야기한 킴벌리 크렌쇼Kimberlé Crenshaw 교수 덕분에 도시 거리의 실제 교차로에서도 이 이론을 적용하곤 한다. **기준선 이동**을 제시해준 대니얼 파울리 박사에게 감사한다. 내가 즐겨 인용하는 **양자의 횡포**라는 용어를 만든 칩 워드Chip Ward에게 감사한다.

마지막으로 나에게 희망을 불어넣어주는 청년들과 커다란 기쁨을 선사하는 이 땅의 청소년과 어린이 들에게 변치 않는 사랑과 감사를 보낸다.

1부 소리치는 자들과 침묵하는 이들

누구의 이야기, 누구의 나라인가

"Whose Story (and Country) Is This?" *Literary Hub* 2018. 4. 18.

노바디는 알고 있다

"Nobody Knows," *Harper's* 2018. 3.

진실마저 바꿔버리는 사람들

"They Think They Can Bully the Truth," *Literary Hub* 2018. 7. 17.

무의식적 편견이 대선에 출마하다

"Unconscious Bias Is Running for President," *Literary Hub* 2019. 4. 30.

투표 억압은 집에서부터 시작된다

"Voter Suppression Begins at Home," *Guardian* 2018. 11. 19.

온갖 거짓말이 법으로 재탄생하다

"Lies Become Laws," *Guardian* 2019. 6. 3.

남성의 몰락은 지나치게 과장되어 있다

"The Fall of Men Has Been Greatly Exaggerated," *Literary Hub* 2018. 9. 17.

포드 박사님, 당신이라는 지진을 환영합니다

"Dear Christine Blasey Ford: You Are a Welcome Earthquake," *Guardian* 2018.

10. 1.

여성들의 이야기가 절대 멈추지 않기를
"Let This Flood of Women's Stories Never Cease," *Literary Hub* 2017. 11. 14.

섹스는 자본주의적인 문제다
"The Problem with Sex Is Capitalism," *Guardian* 2018. 5. 12.

여성의 일과 괴물 예술가라는 신화
"Women's Work and the Myth of the Art Monster," *Literary Hub* 2017. 12. 12.

이 모든 분노
"All the Rage," *New Republic* 2018. 9. 24.

내가 남자라면
"If I Were a Man," *Guardian* 2017. 8. 26.

2부 오프닝

건너다
"Crossing Over," *Terra Infirma*: *Mona Hatoum*, The Menil Collection 2018.
Yale University Press 배포.

여인들의 도시
"City of Women," University of California Press 재발행.

영웅의 등장은 일종의 재난이다
"When the Hero Is the Problem," *Literary Hub* 2019. 4. 2.

길게 펼쳐지며 오래 이어지는 현재 앞에서
"Now and Then," *Harper's* 2017. 9.

무너지는 기념 동상과 이름의 힘
"Monumental Change and the Power of Names," *Literary Hub* 2018. 9. 26.

어린 기후 운동가들에게 보내는 편지
"Letter to the March 15, 2019, Climate Strikers," *Guardian* 2019. 3. 15.

이것은 누구의 이야기인가
미투 운동에서 기후위기까지

초판 1쇄 발행 / 2021년 12월 7일
초판 2쇄 발행 / 2022년 1월 26일

지은이 / 리베카 솔닛
옮긴이 / 노지양
펴낸이 / 강일우
책임편집 / 곽주현 홍지연
조판 / 박지현
펴낸곳 / (주)창비
등록 / 1986년 8월 5일 제85호
주소 / 10881 경기도 파주시 회동길 184
전화 / 031-955-3333
팩시밀리 / 영업 031-955-3399 편집 031-955-3400
홈페이지 / www.changbi.com
전자우편 / human@changbi.com

한국어판 ⓒ (주)창비 2021
ISBN 978-89-364-7893-3 03300